JN122989

空間経済学の実証研究
―数量空間経済学とオルタナティブデータ―

中島 賢太郎

三菱経済研究所

序文

　日本における経済活動には大きな地域間格差がある．東京と周辺の3県を加えた東京都市圏は面積では日本のわずか5％を占めるに過ぎないのに対し，人口は日本全体の20％，さらにGDPでみた産出量では日本全体の40％を占めている．また，東京のように，経済活動が集まる都市の中においてもまた経済活動の地域差は存在する．都心部には高層ビルが建ち並び，巨大なオフィス街が形成されている．さらに，そのオフィス街を取り囲むように高層マンションが軒を連ねており，都心は高い人口密度を持っている．さらにそれを取り囲む住宅街は郊外へと離れるにつれて低層化が進み，それに伴って人口密度も低下していく．

　このような地域間の経済格差や，あるいは都市内の地域差は日本や東京だけに見られるものだけではなく，世界中で，また世界中の都市で見られる共通の現象である．このような，都市間，もしくは都市内で大きく異なる経済空間を構成するメカニズムを検証することが空間経済学，都市経済学の主要な目的の一つである．そして現在これらの研究は，2つの大きな研究潮流によって大きく変革しつつある．

　一つ目の研究潮流は，数量モデル分析である．数量モデル分析は，これまで空間経済学，都市経済学の分野で構築されてきた理論モデルを実データに合致させるべく開発されたモデルである．数量空間経済モデルや数量都市経済モデルを実データに合致させることによって，既存の理論モデルで主張されてきたメカニズムを現実データによって数量的に解釈することや，あるいは政策評価についての数量的分析が可能になった．

　二つ目の研究潮流はオルタナティブデータの利用である．これまでの経済学の実証研究は，政府統計を利用した研究が主流であった．しかし政府統計には様々な限界がある．例えばデータの集計単位である．都市の内部構造に関心がある都市経済学では，地理的に小さな集計単位が求められる．一方で伝統的な政府統計では都市よりも集計単位の細かいデータが提供される機会は少なく，その点は，この分野における実証研究を困難にしていた一つの要

因であった．それに対し，近年はオルタナティブデータと呼ばれる政府統計
以外のデータの利活用が進んでいる．特に，集計単位が細かく，粒度の高い
データは，実証研究の大きな潮流を作っている．

　本書ではこのような最近の空間経済学・都市経済学の実証研究の研究潮流
について，数量空間経済学・数量都市経済学とオルタナティブデータを鍵概
念としてサーベイを行い，今後の本分野の研究の方向性について考察するも
のである．

謝辞

　本書執筆の機会を与えてくださった三菱経済研究所とのご縁を取り持って
くださったのは一橋大学の塩路悦郎先生である．塩路先生には本件に限ら
ず，これまで多岐にわたって大変お世話になってきた．この場を借りて深く
感謝する．本書を執筆するにあたっての本分野における私の知識は，これま
での多くの共同研究者との共同研究によって蓄積されたものである．これま
で私と共同研究を行ってくださった皆様に深く感謝する．三菱経済研究所の
杉浦純一氏からは本書に対し，大変多くの助言を頂戴した．ここに記して感
謝する．一橋大学大学院経営管理研究科の市川実氏，一橋大学大学院経済学
研究科の野口真平氏には本書執筆における研究補助業務を行っていただい
た．お二人の素晴らしい仕事に感謝する．もちろん本書に誤りがあればその
責任は著者のみが負うものである．

　2023 年 9 月

中島　賢太郎

目次 ————————————————————

第1章

はじめに

　日本における経済活動には大きな地域間格差がある．東京と周辺の3県を加えた東京都市圏は面積では日本のわずか5％を占めるに過ぎないのに対し，人口は日本全体の20％，さらにGDPでみた産出量では日本全体の40％を占めている．

　では，日本の経済活動の中心である東京都市圏の中はどのような構造になっているのだろうか．その中でもまた経済活動の分布には大きな違いがある．丸の内など東京都心には高層ビルが建ち並び，巨大なオフィス街が形成されている．また，銀座や新宿のように多くの買い物客が行き交う商業空間が形成されている場所もある．また，これらのオフィス街や商業空間を取り囲むように高層マンションが建設され，さらにそれを取り囲むように低層の住宅地が形成されている．

　このような地域間または地域の中で異質な経済空間を形成する経済学的メカニズムはどのようなものなのであろうか．この問いへの回答は，1800年代のフォン・チューネンに遡ることができる．チューネンの理論では，生産された財の輸送コストの違いが都市を中心に円環状に広がる土地利用の様相を形成することを示したのである．今，地主から土地を借りて耕作し，都市に作物を販売する農家を考えよう．農家には2タイプの農家があり，一つは非常に痛みやすい葉物野菜を作る農家，もう一つは痛みにくい穀物を作る農家だとしよう．葉物野菜を作る農家は都市に近くないと作物を都市で販売できないので，都市の近くの土地であれば，より高い賃料でも借りて耕作しようと思うだろう．一方で，穀物を作る農家は，都市に近いことにそれほど高い価値を見出さないので，都市の近くの土地に対してそれほど高い賃料は支払わないだろう．地主は，より高い賃料を払える方に土地を貸すとすると，

都市に近い土地は葉物農家が、遠い土地は穀物農家が耕作するという、円環状の土地利用が生じる。このようにして財の輸送コストが都市周辺の土地利用を定めるのである。

このようなメカニズムを、現代の都市における土地利用のあり方を説明するのに応用したのが、1960年代の Alonso（1964）、Muth（1969）、Mills（1967）による研究であり、彼らが構築した都市の土地利用モデルは、現在では Alonso-Muth-Mills モデル（AMM モデル）と呼ばれる都市経済学における基本モデルとなっている。彼らのモデルは、都心の中心業務地区、いわゆる Central Business District（CBD）に通勤する都市住人を考え、この都市住人がどこでどの程度の広さの住宅に居住するかを決定するというものである。通勤には通勤費用がかかり、またそれは CBD から離れれば離れるほど高くなる。従って、都心に住めば通勤費用が抑えられるが、そのように考える住人は多いため、都心の住宅価格は上昇する。このようなメカニズムが働く結果、立地均衡、つまり、都市住人がどこに住んでもその効用水準が異ならない状態では、都心部は、通勤費用が抑えられる分、家の広さを抑え、多くの住人が密集して暮らすのに対し、郊外では広い住宅を享受するといった土地利用のあり方が生じる。このようにして、人口密度の高い都心から徐々に郊外に行くにつれて人口密度が下がっていくという現実の都市構造を説明するのである。

また、1990年代には、地域間の経済格差を内生的に説明するモデル、いわゆる空間経済学あるいは新経済地理学（new economic geography, NEG）と呼ばれる理論研究が大きく発展した（Fujita, Krugman, and Venables, 1999）。この NEG の理論は地域間交易における輸送費用と規模の経済の観点から経済活動の空間的分布を記述するものである。このメカニズムについて、Krugman（1991）による簡略化したモデルを元に直観を与えよう。まず、2つの地域があり、どちらの地域にも財を売りたい企業が存在するとしよう。生産のためには工場を建設する固定費用がかかるとし、また、ある地域で生産された財は別の地域で販売することもできるが、その際には輸送費用がかかるとしよう。このとき、企業の選択肢は二つある。一つは、両方の地域に工場を建設し、輸送費用をかけないというもの。もう一つは、どちらかの地域

に一つだけ工場を建設し，輸送費用をかけて他地域で販売するというもので
ある．輸送費用が高い状況では前者が適切な戦略であろう．一方で交通網の
整備によって輸送費用が下がった場合，企業はどちらかの工場を整理して一
方の工場に集約することになるだろう．このようにして，規模の経済と輸送
費用は経済活動の地理的分布を決定づけるのである．

　一方で，2000年代後半以降は，このAMMやNEGのモデルを用いて現実
の経済活動の分布を説明し，さらには現実データと合致させたモデルによっ
て，モデルが説明するメカニズムの数量的評価および政策評価を行うような
研究が急速に増加している．これらの研究は，数量空間経済学，または数量
都市経済学と呼ばれ，それぞれNEG，AMMに，実データとの接合のため，
現実の経済空間，および各地点間の異質性を導入したモデリングが行われて
いる．これらのモデルによって，交通インフラ整備やジェントリフィケー
ション，土地の用途規制など，大規模な都市・地域政策が地域経済や，都市
構造に与える影響についての研究が行われている．このように，現在の都市
経済学，空間経済学の研究潮流は，理論研究からモデルに基づく数量的実証
分析に大きく軸足を移しつつある．

　それと同時に，新たなデータの利活用が進められているのも，もう一つの
大きな研究潮流である．都市経済学，空間経済学に限らずこれまでの多くの
経済学の実証研究は政府統計に代表される公式統計を利用してきた．一方
で，公式統計には様々な限界がある．例えば公式統計は，データの速報性や
詳細性に限界がある．また，公式統計によって収集できない様々な人や企業
の行動パターンも存在する．そのような公式統計の限界をカバーするため，
近年は，民間事業者が提供するデータなど，公式統計ではないデータの利用
が行われている．これらはオルタナティブデータと呼ばれ，例えばクレジッ
トカードの使用履歴データなどは，数多くの研究で利用されている．さらに
近年は自然科学や機械学習の技術進歩に伴い，これまでにないデータの利用
可能性が広がっている．例えば高解像度人工衛星画像から地物の様々な特
性，例えば自動車や屋根の素材などを判定することが可能になり，既にこれ
らを用いた空間経済学の実証研究が行われている．

　また，オルタナティブデータを数量空間経済分析や数量都市経済学に適用

した研究も広がりつつある．携帯電話のGPSによる位置情報は，やはり広く使われているオルタナティブデータの一つである．これまで都市の内部の人の流動は，国勢調査などで把握できる通勤流動に限られてきた．それに対し，携帯電話のGPSによる位置情報は通勤流動以外の様々な都市内の人々の移動行動を捉えることができる．例えばMiyauchi, Nakajima, and Redding（2022）はこのGPS位置情報によって把握できる人々の移動行動データによって，通勤流動以外の目的，特にサービス消費のための移動行動を数量都市経済学モデルに導入し，それがもたらす都市の構造変化についての分析を行っている．

このように，2000年代後半より都市経済学，空間経済学の研究潮流は大きく変化している．本書の目的は，この2000年代後半以降の都市経済学，空間経済学の研究潮流について，数量空間経済学，数量都市経済学，およびオルタナティブデータの観点からの広範なサーベイを行い，今後の研究の展望について考察することである．

本書の構成は以下の通りである．まず2章では，地域間の経済活動分布を説明する数量空間経済学の基本モデルについて議論する．モデルの設定の概要を示したうえで，それをどのようにしてデータと合致させ，反実仮想分析を行うのかについての概要を説明する．その上で，この数量空間経済モデルを用いた実際の応用分析について紹介する．続く3章では，都市内構造を説明する数量都市経済学の基本モデルについて議論する．2章と同様に，モデルの設定を示し，データとの合致，反実仮想分析の方法について議論する．その上で，この数量都市経済モデルを用いた実際の応用分析について紹介する．4章ではオルタナティブデータについて紹介する．近年の代表的なオルタナティブデータと，それを用いた都市経済学，空間経済学についての研究を紹介する．また，空間数量経済学や，空間都市経済学にオルタナティブデータを適用した研究についても紹介する．最後に5章で今後の研究展望について議論する．

第 2 章

数量空間経済学

2.1 空間経済学とは

空間経済学は地域間で不均質な経済活動の分布を説明することを大きな目的とする研究分野である．1章で述べたように，この空間的に不均質な経済活動を規模の経済と輸送費用によって説明する NEG の理論は 1990 年代を通じて大きく発展した．

空間経済学の基礎モデルは Krugman（1991）に遡ることができる．このモデルでは，対称な 2 地域の空間を考え，全く均質な地域であっても，規模の経済が十分に大きく，輸送費用が小さい場合，1章で述べたようなメカニズムが働くことで，経済活動が一方の地域に集積することを示した．つまり，規模の経済と輸送費用が経済活動の空間分布を決定づける重要な要因であることを示したのである．この地域が中心と周縁に分断されるメカニズムを示した Krugman（1991）のモデルは Core-periphery モデルと呼ばれる空間経済学の基本モデルとなり，この研究をきっかけにその後様々なモデルが提案され，空間経済学の理論は爆発的に発展した[1]．

この 1990 年代を通じた空間経済学の研究は主に理論研究が中心であり，輸送費用と規模の経済がどのようにして集積を形成するのか，そのメカニズムを理論的に解き明かすことに力点が置かれていた．そのため，各地域の経済環境については均質な地域を仮定して，全く均質な経済環境においてもなお集積が形成されるメカニズムについて検証が行われてきた．このような

---

[1] この時期に提案された様々な空間経済学のモデルは Baldwin et al.（2003）に詳しい類型化とともに整理されている．

1990年代の空間経済学の理論研究の発展を受けて，2000年代に入ると徐々に実証研究が増加していく．これらは，理論モデルから得られた命題を誘導系の推定式で検証することで，理論の妥当性をテストするというアプローチを採用するものであった．しかし，必ずしもモデルとその誘導系との対応は明確でない研究も多く，従って，得られた誘導系のパラメータが，背後にある経済モデルの，どのパラメータと，どう対応しているかが必ずしも明確でなく，特に反実仮想的状況を考察する上では不十分な点があった[2]．

　また，NEGの理論研究が，モデルのメカニズム解明のために設定していた均質な地域という仮定は，メカニズムの理論的解明のためには適切なアプローチであるが，現実の経済空間とモデルを接合する際にはそれが制約となりえる．地域は地形，気候，文化，アメニティなど様々な意味で異質であり，これらの地域の特徴はそれぞれ人や企業の立地要因として働いている．このような地域固有の経済環境を考えることの重要性は，この時代の代表的な空間経済学の実証研究であるDavis and Weinstein（2002）によって示された．もし地域が均質であり，NEGが想定するような経済集積のメカニズムしか存在していない場合，どこかに集積さえすれば良いわけで，それがどこであるかは問われない．均質な2地域があって，輸送費用が減少した場合，別にどちらの地域に集積しても良いわけである．そうであるなら，集積のパターンは，一度形成された集積が壊れてしまうような大きなショックが生じた場合，大きく変わってしまうことが予想される．それに対し，Davis and Weinstein（2002）は，日本の経済活動の地理的分布が，8,000年前からそれほど大きく異なっていないこと，また，太平洋戦争における空襲によってよって多くの大都市が壊滅的な被害を受けたにもかかわらず，人口分布は終戦後20年で戦前と同じ水準に回復したことなどを示した．つまり，集積のパターンはそれほど大きく変化することはなく，経済活動の空間的分布には，NEGが想定するメカニズムだけでなく，その土地固有の要因などのモデル外要因が一定の役割を果たしている可能性が高いことを示したのである．

　このような，現実における地域間の不均質性への認識，および空間経済学

---

[2] 当時の空間経済学の実証研究はRedding（2010）がサーベイを行っている．

の隣接領域である国際貿易理論における数量化研究の進展に伴い，空間経済学においても，現実の地域環境の不均質性および現実の地理的構造を導入した数量空間経済モデルの開発が進んだ．このような研究潮流の中で，数量空間経済モデルを提案した初期の研究に Redding and Sturm（2008）がある．Redding and Sturm（2008）は多地域 NEG モデルにおいて，地域ごとに異なる地域固有の要素を導入することで，実データに整合可能な NEG モデルを提案した．次節ではこの Redding and Sturm（2008）のモデルを基礎として，数量空間経済学のモデルの概要を紹介する．

2.2　数量空間経済学の基本モデル

数量空間経済学

　本節では Redding and Rossi-Hansberg（2017）および Redding（2016）に従って数量空間経済学の基本モデルについて簡潔に紹介する．ここで紹介するモデルは，前述の Redding and Sturm（2008）のモデル設定を基礎として，それを簡略化したものである．具体的には，このモデルは Krugman（1991）の Core-Periphery モデルに土地を導入した Helpman（1998）が基礎となっている．もともとの Helpman（1998）は 2 地域モデルであったが，これを多地域に拡張し，さらに地域間の異質性を導入することで，現実の経済空間との接合を行っている．このモデルの詳細は，Redding（2016）に詳しいが[3]，ここで紹介する Redding and Rossi-Hansberg（2017）のモデルはさらにそれを単純化したモデルである．また，日本語では高野（2022）が，数量空間経済学についての概説及びコード提供を行っているため，そちらも参考にされたい．

　まず，N 地域で構成される経済を考えよう．地域 i は，外生的に与えられる土地の広さ H_i を供給する．また，経済全体で $\bar{L}$ 人の労働者が存在し，各労働者は 1 単位の労働を非弾力的に供給する．各労働者は地域間を自由に移動することができる．従って，均衡では各地域に居住する労働者間の実質賃金は一致する．また，各地域で生産活動が行われるが，ある地域で生産され

---

[3] ただし，Journal of International Economics に出版されたバージョンでは，ここで紹介する NEG の設定に基礎づけられたモデルは省略されている．著者のウェブサイトで公開されているワーキングペーパーを参照されたい．

た財は他の地域で販売することが可能である．地域 n で生産された財を地域 i で販売する際には氷塊型輸送費用 $d_{ni}>1$ がかかるものとする．これは，輸送中に溶けてしまう氷のように，1単位の財を販売するためには，$d_{ni}>1$ 単位の財を輸送する必要があるという形で輸送費用を設定することで，輸送部門を簡略化した設定となっている．

ここで，地域 n に居住する消費者の問題を考えよう．選好については，財と土地を以下のコブダグラス型の効用関数によって消費するものと考える．

$$U_n = \left(\frac{C_n}{\alpha}\right)^{\alpha} \left(\frac{b_n}{1-\alpha}\right)^{1-\alpha} \tag{1}$$

ただし，$0<\alpha<1$ である．また財の消費指数 C_n は，水平的に差別化されたバラエティ j の消費量 $c_{ni}(j)$ の CES 関数による合成財として，以下の通りであると仮定する．

$$C_n = \left[\sum_{j\in N}\int_0^{M_i} c_{ni}(j)^{\rho}dj\right]^{\frac{1}{\rho}} \tag{2}$$

ただし，M_i は地域 i に供給されるバラエティの数である．このような設定のもとでは，消費財の価格指数 P_n は以下の通りとなる．

$$P_n = \left[\sum_{i\in N}\int_0^{M_i} p_{ni}(j)^{1-\sigma}dj\right]^{\frac{1}{1-\sigma}} \tag{3}$$

続いて生産者側の設定である．各バラエティの生産は，独占的競争を行う収穫逓増企業によって行われると仮定する．具体的には各企業は F 単位の労働を固定費用として投入し，限界費用一定のもとで生産のために労働を投入すると考える．従って，地域 i において，$x_i(j)$ 単位のバラエティ j の生産を行うための労働投入は以下の通りとなる．

$$l_i(j) = F + \frac{x_i(j)}{A_i} \tag{4}$$

ただし，このモデルでは，地域ごとに生産性が異なることを許しており，地域の生産性は A_i で表されている．このような独占的競争のもと，ゼロ利潤

条件のもとでの均衡価格は限界費用に一定のマークアップを付けたものとして以下の通り定まる.

$$p_{ni}(j) = \left(\frac{\sigma}{\sigma-1}\right) d_{ni} \frac{w_i}{A_i} \tag{5}$$

　従って，均衡におけるバラエティ j の生産量は，以下の通り決定されることとなる.

$$x_i(j) = \overline{x}_i = A_i(\sigma-1)F \tag{6}$$

生産量が定まると，これを先の生産関数に代入することで，以下の通り，均衡における雇用者数が定まることになる.

$$l_i(j) = \overline{l} = \sigma F \tag{7}$$

均衡において，各バラエティの生産に必要な雇用者の数が定まったので，労働市場清算条件，つまり，労働者の需給の一致から，バラエティの総量は，地域の労働者の数をこの各バラエティ生産に必要な雇用者数で割ることで以下のように定まる[4].

$$M_i = \frac{L_i}{\sigma F}$$

　さて，この時点で，各地域のバラエティの均衡価格，およびバラエティの総数がわかったので，これらを先ほど求めた地域価格指数に代入することで，地域価格指数を以下の通り書き換えることができる.

$$P_n = \frac{\sigma}{\sigma-1}\left(\frac{1}{\sigma F}\right)^{\frac{1}{1-\sigma}}\left[\sum_{i\in N} L_i\left(d_{ni}\frac{w_i}{A_i}\right)^{1-\sigma}\right]^{\frac{1}{1-\sigma}} \tag{8}$$

---

[4]　ここまでの議論は標準的な多地域 NEG モデルの議論である．NEG モデルで使用される独占的競争モデルの解法や，特徴についてより詳しく知りたい場合，Fujita, Krugman, and Venables（1999）や，Baldwin, Forslid, Martin, Ottaviano, and Robert-Nicoud（2003）が参考になる．また，Dingel（2009）はこの分野におけるモデル分析に必要な最低限の情報を簡潔に提供している.

さらに，地域 i で生産された財の総量のうち，地域 n において消費される
シェア π_{ni} をここで計算する．まず，地域 i で生産された財のうち，地域 n に
おいて消費される量については，支出関数から求めることができる．地域 n
における，地域 i で生産されたバラエティ j への支出は，$c_{ni} = \dfrac{p_{ni}^{1-\sigma}}{P_n^{-(1-\sigma)}}$ と書く
ことができる．従って，これに地域 i で生産されるバラエティの総数 M_i をか
けることで，地域 n における，地域 i で生産されたバラエティ j への総支出を
求めることができる．これを，地域 n における全てのバラエティへの支出額，
つまり $\sum_{k \in N} c_{nk} M_k$ で割ることで，π_{ni} を以下の通り求めることができる．

$$
\pi_{ni} = \frac{M_i p_{ni}^{1-\sigma}}{\sum_{k \in N} M_k p_{nk}^{1-\sigma}} = \frac{L_i \left(d_{ni} \dfrac{w_i}{A_i} \right)^{1-\sigma}}{\sum_{k \in N} L_k \left(d_{nk} \dfrac{w_k}{A_k} \right)^{1-\sigma}} \tag{9}
$$

ここで，二つ目の等号条件は，さらに価格に関する均衡条件を用いて計算
している．

この π_{ni} の式は，このモデルがいわゆる重力モデルの理論的基礎を有して
いることを示している．つまり，地域 i から n への交易量は，地域 in 間の貿
易コスト d_{ni} と，地域 n から他の全ての地域への貿易コスト d_{nk}, いわゆる mul-
tilateral resistance によって定まることを示している．これは，地域間の交易
量は，交易当該地域間のみの関係性だけでなく，その他の地域間との関係に
よっても定まることを示している．例えば，大阪から茨城に財を移出する際
には，大阪から茨城への輸送費用だけでその量は定まらない．茨城のすぐ近
くには大市場である東京があり，大阪の企業は東京への移出を優先するだろ
う．このように交易量は当該地域間の関係性のみでは定まらず，全ての地域
間の関係性を考慮する必要がある[5]．

このようにして求められた貿易シェア π_{ni} を用いると，自地域で生産され

---

[5] Multilateral resistance についての詳しい議論は Anderson and van Wincoop（2003）を参
照のこと．

た財の自地域での消費シェアπ_{nn}を考えることで，価格指数をさらに以下のように書き換えることもできる．

$$P_n = \frac{\sigma}{\sigma-1}\left(\frac{L_n}{\sigma F \pi_{nn}}\right)^{\frac{1}{1-\sigma}}\frac{w_n}{A_n} \tag{10}$$

このモデルを閉じるためには，貿易財市場清算条件，土地市場清算条件，そして空間均衡条件の3つの条件が必要となる．

まず，貿易財市場清算条件であるが，地域nにおける移入額は地域nにおける移出額と一致していなくてはならない．これは，土地市場における消費者の支出額は，全てその地域に居住する消費者に配分されると仮定すると，地域nにおける一人あたり収入は，賃金と，土地市場からの一人あたりへの配分の和に等しいことと等価である．従って，この条件は以下のように書くことができる．

$$v_n L_n = w_n L_n + (1-\alpha)v_n L_n = \frac{w_n L_n}{\alpha} \tag{11}$$

ただし，v_nは，地域nに居住する消費者の一人あたり収入である．

また，土地市場清算条件については，地域nにおける土地の供給量H_nが土地の需要$L_n b_n$と一致していることを求めるものである．これは土地への支出額と，収入が一致することを意味するため，以下のように書くことができる．

$$r_n = \frac{(1-\alpha)v_n L_n}{H_n} = \frac{1-\alpha}{\alpha}\frac{w_n L_n}{H_n} \tag{12}$$

最後に，空間均衡条件であるが，これは，各労働者はどこに居住しても同様の実質賃金を得るというものである．これは以下の通り書くことができる．

$$V_n = \frac{v_n}{P_n^\alpha r_n^{1-\alpha}} = \bar{V} \tag{13}$$

これら3つの条件に加えて，自地域への貿易シェアを用いて書き換えた価格指数の式を用いることで，地域の人口規模と，自地域の貿易シェアは，以下の条件を満たしている必要があることになる．

$$\bar{V} = \frac{A_n^{\alpha} H_n^{1-\alpha} \pi_{nn}^{-\frac{\alpha}{\sigma-1}} L_n^{-\frac{\sigma(1-\alpha)-1}{\sigma-1}}}{\alpha \left(\frac{\sigma}{\sigma-1}\right)^{\alpha} \left(\frac{1}{\sigma F}\right)^{\frac{1}{1-\sigma}} \left(\frac{1-\alpha}{\alpha}\right)^{1-\alpha}} \tag{14}$$

この式を L_n について整理すると,地域 n の人口シェア $\lambda_n \equiv \frac{L_n}{\bar{L}}$ は以下のように書くことができる.

$$\lambda_n = \frac{L_n}{\bar{L}} = \frac{\left[A_n^{\alpha} H_n^{1-\alpha} \pi_{nn}^{-\frac{\alpha}{\sigma-1}}\right]^{\frac{\sigma-1}{\sigma(1-\alpha)-1}}}{\sum_{k \in N} \left[A_k^{\alpha} H_k^{1-\alpha} \pi_{kk}^{-\frac{\alpha}{\sigma-1}}\right]^{\frac{\sigma-1}{\sigma(1-\alpha)-1}}} \tag{15}$$

つまり,各地域の人口シェアは,その地域の生産性,土地の広さ,そして自地域への貿易シェアの相対的な大きさによって定まるのである.

では,このモデルにおける一般均衡はどのような特徴を持つのであろうか.交易費用が対称的,つまり $d_{in} = d_{ni}$ を仮定すると,9式と,8式,そして13式は以下の16式として整理することができる.これは,地域 n についての式であり,全部で N 本の連立方程式によって,全ての N 地点の人口が定まるわけである.

$$L_n^{\tilde{\sigma}\gamma_1} A_n^{-\frac{(\sigma-1)(\sigma-1)}{2\sigma-1}} H_n^{-\frac{\sigma(\sigma-1)(1-\alpha)}{\alpha(2\sigma-1)}}$$

$$= \bar{W}^{1-\sigma} \sum_{i \in N} \frac{1}{\sigma F} \left(\frac{\sigma}{\sigma-1} d_{ni}\right)^{1-\sigma} \left(L_i^{\tilde{\sigma}\gamma_1}\right)^{\frac{\gamma_2}{\gamma_1}} A_i^{\frac{\sigma(\sigma-1)}{2\sigma-1}} H_i^{\frac{(\sigma-1)(\sigma-1)(1-\alpha)}{\alpha(2\sigma-1)}} \tag{16}$$

ただし,$\bar{W}$ は定数項,$\tilde{\sigma}, \gamma_1, \gamma_2$ はパラメータの合成項である.また,解析的に陽に解くことはできないが,各地域の賃金は以下の式によって定まることになる.

$$w_n^{1-2\sigma} A_n^{\sigma-1} L_n^{(\sigma-1)\frac{1-\alpha}{\alpha}} H_n^{-(\sigma-1)\frac{1-\alpha}{\alpha}} = \xi \tag{17}$$

ただし,ξ は定数項である.

　この均衡を定める16式が一意な解を持つことは，Allen and Arkolakis（2014）によって示されている．つまり，一定のパラメータの範囲において，H_n と A_n および d_{ij} が与えられたもとで，16式は一意な人口 L_n を定めることができ，それに伴って，賃金 w_n そして地域間の交易量 π_{ij} が一意に定まるのである．

モデルとデータの合致

　このようにして作成したモデルと実データを用いて反実仮想分析による経済分析を行う際には，まずモデルと実データを合致させる必要がある．それはどのようにして行うのだろうか．その際に用いられるのはモデルの反転（model inversion）という方法である．

　前節でも述べたとおり，このモデルにおける均衡は，パラメータおよび H_n と A_n および d_{ij} が与えられたもとで内生変数 L_n, w_n, π_{ij} を一意に定めるものである．一般に人口規模や賃金等の内生変数についてはデータとして観測しやすいのに対し，土地の効率利用単位や，地域の生産性はデータとして観測することは難しい．しかし，反実仮想下での内生変数の均衡値を計算するためにはこれらの情報が不可欠である．

　これら土地の効率利用単位や地域生産性の値を得る目的で行われるのがモデルの反転である．これは，均衡計算の手順とは逆に，内生変数とパラメータを与えた上で，それらの値に合致する H_n と A_n を計算するというものである．この作業は実際に均衡計算に使用する16式と17式を用いて行う．均衡計算の際にはこれらの式について，H_n と A_n の値を与えた上で，L_n と w_n の値を計算したが，逆に，モデルの反転の際には，L_n と w_n の実データによる値を与えた上で H_n と A_n の値を計算するのである．

　このモデルでは，このパラメータと観測されたデータに合致するような変数が一意に定まることが保証されている．つまり，観測されたデータとパラメータがあれば，このモデルの均衡条件を用いてモデルを反転し，H_n と A_n を計算できることが保証されているのである．

　このように，H_n と A_n が，モデルと実データを接合させるように求まることによって，モデルと実データが完全に合致する．つまり，H_n と A_n はモデ

ルを実データに接続する，いわば残差としての役割を果たしており，それによってモデルと実データがフィットしているともいえる．従って，例えばρのようなパラメータの値を変化させた場合，新たなパラメータの元でデータとモデルが合致するように，H_nとA_nの値が変化することで再度モデルとデータが接合されることになる．

反実仮想分析

　このようにして実データと合致させたモデルを利用することで，様々な政策についてそれを行った場合のシナリオについて反実仮想分析による事前評価が可能にある．さらに経済厚生を計算することができ，政策効果についての精密な検証を行うことができる．

　この反実仮想分析は Dekle et al.（2007）によって提案された，exact hat algebra と呼ばれる分析方法によって行われることが多い．反実仮想分析を行う際には新たなパラメータの元で生じる新たな均衡の元での内生変数の値を計算する必要があるわけであるが，この exact hat algebra を用いることで，新たな均衡の元での内生変数を簡便な方法で計算することができるのである．

　数量空間経済分析において典型的な反実仮想分析の一つに輸送費用の低下がある．例えば，鉄道網の整備や高速道路の建設は典型的な輸送費用低下のケースだろう．これはこの基本モデルにおいてはd_{ij}の低下として表現できるだろう．これが地域間の経済活動の地理的パターンに及ぼす影響を分析するためにはどのようにすれば良いだろうか．

　まず，反実仮想下での変数の値を変数名にプライムを付けることで表現しよう．例えば，輸送費用の低下を分析する反実仮想分析の場合，反実仮想下での新たな輸送費用はd'_{ij}と書ける．そのうえで，ベンチマークとなる現実の値と，反実仮想下での新たな値の比を，ハットを付けて，$\widehat{d_{ij}} = d'_{ij}/d_{ij}$として定義するのである．

　均衡を条件づける式はそれぞれ現実経済でも反実仮想経済でも成立していなければならない．このことを利用して，均衡を条件付ける式から各内生変数の変化量を計算するための式を導出することができる．例えば，11式は，賃金決定式であるが，これは，新たな均衡においても成立している必要があ

る．つまり $w_i' L_i' = \sum_{n \in N} \pi_{ni}' w_n' L_n'$ である．これと元々の均衡における式との比を取って，以下のように計算することができる．

$$\frac{w_i' L_i'}{w_i L_i} = \frac{\sum_{n \in N} \pi_{ni}' w_n' L_n'}{\sum_{n \in N} \pi_{ni} w_n L_n} = \frac{\sum_{n \in N} \pi_{ni}' w_n' L_n'}{w_i n_i} \Leftrightarrow$$

$$\hat{w}_i \hat{L}_i w_i' L_i' = \sum_{n \in N} \pi_{ni}' w_n' L_n' = \sum_{n \in N} \frac{\pi_{ni}' w_n' L_n' \pi_{ni} w_n L_n}{\pi_{ni} w_n L_n} = \sum_{n \in N} \hat{\pi}_i \hat{w}_i \hat{L}_i \pi_{ni} w_n L_n \quad (18)$$

同様にして，重力方程式について，人口決定式についても同様に現実の均衡と反実仮想の均衡の条件式を用いることで，以下の式を導出することができる．

$$\hat{\pi}_{ni} \pi_{ni} = \frac{\left(\hat{d}_{ni} \hat{w}_i\right)^{1-\sigma} \hat{L}_i \pi_{ni}}{\sum_{k \in N} \left(\hat{d}_{nk} \hat{w}_k\right)^{1-\sigma} \hat{L}_k \pi_{nk}} \quad (19)$$

$$\hat{\lambda}_n \lambda_n = \frac{\hat{\pi}_{nn}^{-\frac{\alpha}{\sigma(1-\alpha)-1}} \lambda_n}{\sum_{k \in N} \hat{\pi}_{kk}^{-\frac{\alpha}{\sigma(1-\alpha)-1}} \lambda_k} \quad (20)$$

これらの連立方程式を解くことで，反実仮想下における内生変数（ $\{\hat{w}, \hat{\pi}_{ni}, \hat{\lambda}_n\}$ ）の値を得ることができるのである．

　これが数量空間経済の基本モデルおよびその分析の手順であった．ただし，実際の応用分析においては，分析の目的に応じて様々な設定の変更が行われる．

　まず，最近の数量空間経済学においては，基本モデルにおける土地の面積 H_n に加えて，居住アメニティ項が追加されることが多い．つまり，以下の通りの効用関数を設定することで，居住効用にアメニティの項を加えるのである．

$$U_n = B_n \left(\frac{C_n}{\alpha}\right)^{\alpha} \left(\frac{b_n}{1-\alpha}\right)^{1-\alpha}$$

ただし，B_n が地域 n におけるアメニティである．その上で，土地の面積は，

データで観測可能な土地の面積とする．そうすることで，モデルとデータを接合させるための変数は，H_nとA_nからアメニティB_nとA_nに変わるのである．この場合でも実データとパラメータを与えた上で，モデルを反転してB_nとA_nを得ることができる．これについては Redding（2016）を参照して欲しい．

また，基本モデルのような，収穫逓増の生産関数と輸送費用がもたらす集積効果を含む NEG モデルではなく，Eaton and Kortum（2002）の完全競争リカードモデルを基礎にしてモデルを作成することも可能である．近年の応用研究はむしろこの Eaton and Kortum（2002）に基礎づけられたモデル，例えば Redding（2016）を基礎としてモデルが作られているケースが多い．完全競争リカードモデルに基づくモデリングについても Redding（2016）を参照されたい．

2.3　数量空間経済学の応用分析

この数量空間経済モデルを用いて，様々な設定のもとでの応用研究が行われている．本節では，具体的な応用研究について主要なものを紹介したい．

まずは 2.2 節で紹介した数量空間経済学の基本モデルを提案した，Redding and Sturm（2008）について紹介したい．この Redding and Sturm（2008）は，ドイツの東西分断を対象として，マーケットアクセスの重要性について検証した研究である．2.2 節で紹介した基本モデルを用いて，各地域の人口が，その地域からアクセス可能な市場規模によって定まることを理論的に示した．このモデルが正しければ，ドイツの東西分断に伴い，西ドイツと東ドイツは交易が行えなくなったため，西ドイツの中で東ドイツに近接した地域，つまり，分断前に東ドイツへの交易によって高いマーケットアクセスを持っていた地域は，分断によって東ドイツ市場へのアクセスを失ったことで，相対的に人口規模が小さくなると予想される．

Redding and Sturm（2008）は，モデルを用いた数値シミュレーションによって，東ドイツに近接していた西ドイツの都市は，ドイツ分断後相対的に人口規模を減少させることを示した．また，このモデルの帰結について，実証的に示した．具体的には，西ドイツの都市全てを分析対象とし，その中で東ドイツの国境に近接している都市を処置群，それ以外の都市を対照群とし，差

の差分析によって，東西ドイツ分断前後における都市規模の値を比較した．その結果，処置群の都市は東西ドイツ分断後，都市規模が相対的に縮小したことが示された．この結果はこれら処置群の都市が分断前に大きく依存していた東ドイツの都市へのマーケットアクセスを失ったことで生じたことが示されている[6]．

　また，Nakajima（2008）は，この研究を日本と朝鮮の関係に応用し，第二次世界大戦後，朝鮮が日本から独立し，経済的に分断されたことを利用して，同様にマーケットアクセスの重要性について検証している．1910 年に日本が朝鮮を植民化したことで，日本と朝鮮の市場は統合されたといえる．特に1920 年以降，日朝間の移入，移出に関する関税が順次撤廃されたことに伴い，日朝市場の統合は強まっていった．この統合された市場が敗戦をきっかけに分断されたというのは，Redding and Sturm（2008）の東西ドイツ分断と同様に解釈することができる．その結果，朝鮮半島に地理的に近接する西日本の都市において，戦後，都市規模の相対的縮小が見られたことが示された．

　さらに Nakajima and Okazaki（2018）では 1910 年以降の日本の朝鮮の植民地化による市場統合の効果を分析している．1920 年以降日朝間の移入，移出に関する関税が順次撤廃され，市場が統合されたことを使用し，これが日本の地域経済に与えた影響について検証した．その結果，朝鮮半島に地理的に近接する西日本の都市において，統合後，都市規模の拡大が見られたことが示された．また，この都市規模の拡大が，特に朝鮮への移出が大きかった繊維産業のシェアが大きな都市で大きかったこと，西日本の港湾から朝鮮へ

---

[6]　マーケットアクセスは，数量空間経済学の発展以前より，空間経済学の実証研究における主要トピックであった．先駆的な研究に Hanson（2005）があり，これはアメリカの郡レベルのデータを用い，2.2 節で紹介したような多地域の Helpman（1998）モデルによって賃金決定方程式を導出した．この賃金決定方程式が示すのは，マーケットアクセスの高い地域ほど名目賃金が高いという関係であり，この賃金決定方程式を誘導系として推定したのである．また，Redding and Venables（2004）は，多地域の Krugman（1980）モデルによって，同様の賃金決定方程式を国際貿易の文脈で導出し，同様にこれを誘導系として推定した．いずれの研究もマーケットアクセスが名目賃金に正の影響を与えることを示しているが，Redding and Sturm（2008）はマーケットアクセスの変動として，東西ドイツ分断という非常にクリーンな自然実験的状況を利用したという点で，識別の観点からも優れた研究であるといえる．

の移出額が統合後急増していることなどから，朝鮮市場へのマーケットアクセスの改善が地域経済に影響したことを示している[7]．

　このようなマーケットアクセスの重要性については，その後 Faber（2014）や Donaldson and Hornbeck（2016）によってさらなる研究が行われている．例えば，Donaldson and Hornbeck（2016）では，1800年代後半のアメリカの鉄道網整備が地域の農業部門に与えた影響についてマーケットアクセスに注目して分析を行った．Donaldson and Hornbeck（2016）では，完全競争リカードモデルに基礎づけられた数量空間経済モデルを構築し，その下で誘導系として，マーケットアクセスと農地の賃料との関係を導出した．ここで推定された弾力性に基づく反実仮想シミュレーションによって，鉄道網整備が行われなかった場合，アメリカの農地価格は60％以上低下するということを示し，鉄道網整備がマーケットアクセス向上を通じて農地価格向上に大きく貢献していたことを示した．

　また，交通インフラ整備の目的は，これまで接続されていなかった地域間を接続し，その間の移動時間を短くすることだけでなく，既存の経路における交通混雑の解消という側面も大きい．特に様々な地域間の交通の結節点は，その交通量の大きさから渋滞が発生しやすく，また，様々な地域間の流通を司っているため，その影響も大きい．このような効果を数量空間経済モデルに導入した研究として Allen and Arkolakis（2022）や Fajgelbaum and Schaal（2020）がある．Allen and Arkolakis（2022）は，地域間の交通網をネットワークとして記述し，ある地域からある地域までの輸送において最小コストのルートを利用するという設定とした．つまり地域 A から B への移動を，A→C→D→B と複数の地点を経由するルートとして記述するのである．また，あるルートの交通コストは，定額の通行費用に加えて，そこを通過する

---

[7] また，1990年の鉄のカーテン消滅がオーストリアの地域経済に与えた影響について Brülhart, Carrère, and Robert-Nicoud（2018）が同様の研究を行っている．冷戦下においてオーストリアは自由主義経済国の中の東端に位置していたが，鉄のカーテン消滅によって，特にその東側は旧共産主義国への市場アクセスが劇的に改善した．このことが，地域経済に対し正の影響を与えたことを示したのである．また，その効果が，もともとの都市の大きさによって異質性を持つことも示している．

貨物の量に応じて増加する関数型を設定することで，交通混雑を導入した．このようにすることで，様々な方向への物流が交錯する交通の結節点における渋滞をモデルの中で記述できるようにしたのである．このような設定のもと，Allen and Arkolakis（2022）では，交通インフラ整備の効果は渋滞をモデルに導入するかどうかで大きくその効果が異なることを示した．具体的には渋滞がモデルに導入されていない，従来のモデルでは，交通インフラ整備の効果を過剰に見積もってしまうこと，また，渋滞を考慮した場合，交通インフラ整備の効果は地域ごとに大きく異なり，交通の結節点における整備効果が大きいことなどが示されている．また，Fajgelbaum and Schaal（2020）は，交通インフラの投資額自体も内生変数としたモデルを提案し，交通インフラ投資額まで含めた社会的に最適な均衡についての議論を行っている．

　前節で紹介した数量空間経済の基本モデルは産業部門が単一であることを仮定していたが，複数の産業部門をモデルに導入することもできる．それによって，労働者の地域間の移動のみならず，産業間の移動についても考察することができる．特に，貿易財だけでなく，サービス業のような非貿易財を考えることは有益であろう．例えば，観光業は，近年多くの都市で成長している産業であり，特に途上国においてそれが GDP に占める割合は大きい．しかし，観光業が地域経済に与える影響については，プラスの効果もマイナスの効果も考えられよう．例えば，観光業の成長によって，土産物としての食料品産業や工芸品産業の需要が高まり，それがこれらの部門の生産性向上につながる可能性はあるだろう．あるいは，観光業の成長により，観光業に産業連関の強い部門に対する正の連関効果が生じる可能性は高い．例えば金融業や保険業，会計業やコンサルティングなどの関連サービス産業は観光業の成長とともに伸びる可能性がある．一方でこれらの産業の成長は，観光業のみならず他産業にとっても利益をもたらす．質の高いビジネスサービス産業が地域にあることは地域の製造業にも好影響を与えるだろう．このように観光業の成長は地域経済にとって好影響を与える可能性がある．一方で，資源があることが経済成長を妨げる，いわゆる「資源の呪い」のように，観光業が成長することで，観光業に地域の労働力や資本が利用され，本来成長力のある製造業などの成長が遅れてしまうということも十分に考えられるだろう．

このように観光業は地域経済にとって正の影響も負の影響も与えうる．Faber and Gaubart（2019）はこのような観光業が地域経済に与える影響について，数量空間経済アプローチを用いて検証を行った．数量空間経済学の基本モデルでは，財については製造業が想定された貿易財のみが考慮されていたのに対し，本研究では，非貿易財として，観光業を想定したサービス業をモデルに導入した．その上で，ある地域における各部門の生産性について，その地域に立地する企業の増加，すなわち企業集積が生産性を高めるという集積効果をモデルに明示的に導入している．さらにこの集積効果を，部門をまたいだ集積効果と部門内の集積効果に分解することで観光業が地域の他産業への生産性に影響する経路を含んだモデルとして構築したのである．このようなモデルをメキシコのデータを用いて検証した結果，観光業の集積が他産業に対して与える生産性の波及効果は一定程度大きく，観光業の集積によって，地域のリソースが他産業から奪われてしまう効果を上回っていることが示された．つまり，観光業の成長はその地域に好影響を与えていたのである．

　また，観光業のようなある産業のある地域におけるブームは，自地域のみならず他地域にも影響を与える可能性がある．例えば，カリフォルニアにおけるコンピューター産業の興隆は，産業連関効果を通じて，地域の他産業に影響するだけでなく，他地域の産業にも影響を与えうる．また，さらには他地域から労働者，企業を引きつけるという空間的一般均衡効果を通じても，他地域の経済環境に影響する．このようなある産業におけるショックは好影響だけではない．例えば，2008年のリーマン・ショックのような金融危機は，ニューヨークのように，金融業が集積する地域の経済環境を悪化させるが，これは同様に産業連関を通じてニューヨークの他産業に，あるいは金融業と産業連関の強い産業を持つ他地域においても負の影響を与える可能性がある．つまり，ある産業のある地域におけるブームは，他地域の他産業に対しての波及効果があると考えられるが，そのインパクトは，空間的距離，また産業連関の意味での距離によって異なる可能性が高い．

　このようなある地域における経済ショックが国内経済の地理的パターンにもたらす影響を考察する上でも数量空間経済モデルは役立つ．Caliendo, Parro, Rossi-Hansberg, and Sarte（2018）は，このような地域経済へのショック

が他地域に与える影響について，数量空間モデルを用いて検証した研究である．具体的には，複数の産業部門からの中間投入を必要とする生産関数を仮定し，中間財の交易に交易費用がかかるという設定のもとで，数量空間経済モデルを構築している．その結果，先に述べたカリフォルニアにおけるコンピューター産業の興隆など局所的な生産性ショックの波及が産業連関および中間財の輸送費用を通じることで，地域間で大きく異なることを示している．波及効果は地理的に近距離の地域や，産業連関の意味で強い地域でより強かったのである．

　また，日本の設定で数量空間経済学のモデルを分析した研究も存在する．例えば，Hayakawa et al.（2021）は，日本の新幹線整備が地域の構成に与えた影響について検証した研究である．新幹線は旅客輸送に特化した交通モードであり，このようなモデルが想定する財の輸送費用には影響しないようにも考えられる．しかし，財の地域間の交易におけるコストは単なる輸送コストのみではない．財の交易の背後には企業があり，交易とは，それらの企業間の財の取引である．また，この取引を行うためには，企業は適切な取引相手を見つけることが必要であり，それは容易ではない．その意味で，新幹線整備によって，遠方の企業との交易費用が下がると考えられるのである[8]．このような考え方に基づき，Hayakawa et al.（2021）は，数量空間経済学のモデルを構築し，新幹線およびリニア中央新幹線が経済厚生に与える影響について推定を行った．彼らの研究によると，東京，大阪の大都市に近い名古屋において，新幹線，リニア中央新幹線の効果は大きく，これはこれらの大都市へのマーケットアクセス向上が大きな要因であることを示している．

　また，モデルはさらに様々な拡張が可能である．例えば，これまで紹介してきた研究では，労働者は全て一様として仮定してきたが，実際には労働者

---

[8]　実際に，取引相手をサーチする際に移動距離が制約になることがBernard, Moxnes, and Saito（2019）によって示されている．Bernard, Moxnes, and Saito（2019）は，九州新幹線開業に注目し，開業後，九州新幹線沿線の企業は，より地理的に離れた地域に立地する企業と新たに取引関係を構築する傾向があったこと，またそれによってより望ましいマッチングが達成されたことによって，生産性の向上がみられたことなどを示している．

は様々にスキルが異なるだろう．例えば大卒者と高卒者との間には賃金の格差があり，この賃金格差によって経済厚生にもまた格差がある．さらに大卒者と高卒者とでは，居住地の選択の違いを通じて，それがさらに経済厚生に影響する可能性がある．大卒者はより住宅価格の高い大都市への居住を選択し，高い賃金の多くを住宅に支出する．一方で，高卒者は住宅価格の低い低密度の都市への居住を選択し，住宅価格への支出を抑えているかもしれない．このような居住選択を通じたメカニズムによって，大卒者と高卒者との間の経済厚生の格差は賃金格差よりも縮小している可能性がある．一方で，大都市には，レストランや商業施設などの豊かな消費機会，高い水準の教育環境や良い治安など，様々なアメニティがある．大都市に居住する大卒者は高い住宅費用を支出しながらもこのようなアメニティによってより高い経済厚生を得ている可能性もある．このような，スキルの異なる労働者の居住選択を通じた経済厚生格差への影響を分析したのが Diamond（2016）である．この研究では，数量空間経済モデルに労働者のスキル異質性を導入し，さらにアメニティが地域の居住者の大卒者の割合によって内生的に変化する事を許すことでモデルを構築した．その結果，大卒者の高い賃金が大都市の高い賃料で相殺されることで経済厚生格差が縮小する効果よりも，大都市の高いアメニティから得られる大きな経済厚生によって経済厚生格差が拡大する効果のほうが大きいことが示された．つまり，少なくともアメリカにおいては，大卒者と高卒者の賃金格差は，それぞれの人々の居住選択行動とそれによって内生的に変化するアメニティによって賃金格差以上に経済厚生格差を拡大させてしまっていることがわかったのである．

第3章

数量都市経済学

　前章で紹介した数量空間経済モデルは主に地域間の経済活動の不均質性を説明するためのモデルであった．しかし，経済活動は地域間で大きく異なるだけでなく，ある地域の中でもその分布は不均質である．多くの都市で当てはまる定型的事実として，人口密度は都心で高く，都心から離れるにつれて徐々に低くなっていくというものがある．このような都市構造を生成するメカニズムを説明したのが1960年代のAlonso（1964），Muth（1969），Mills（1967）による研究である．彼らは，現在ではAlonso-Muth-Millsモデル（AMMモデル）と呼ばれる都市構造モデルを構築した．

　彼らのモデルは，都心に位置する中心業務地区（Central Business District, CBD）に通勤する都市住人を考え，この都市住人がどこでどの程度の広さの住宅に居住するかを決定するというモデルである．通勤には通勤費用がかかり，またそれはCBDから離れれば離れるほど高くなる．従って，都心に住めば通勤費用が抑えられるが，そのように考える住人は多いため，都心の住宅価格は上昇する．このようなメカニズムが働く結果，均衡，つまり，都市住人がどこに住んでもその効用水準が異ならない状態では，都心部は，通勤費用が抑えられる分，狭い家に居住する一方で，郊外では通勤費用がかかるが，広い住宅を享受するといった土地利用のあり方の差異が生じる．このようにして，人口密度の高い都心から徐々に郊外に行くにつれて人口密度が下がっていくという現実の都市構造を説明したのである．

　このAMMのモデルは，現実の都市構造を，通勤費用を鍵概念としてクリアに説明するものであったが，CBDが空間的広がりを持たないこと，また，そもそもCBDが都心に外生的に設定されていること，現実ではCBD以外の場所で働く人も多いことなど，現実の都市構造との乖離があった．また，当

時は都市の中の構造を説明するためのデータも乏しく，モデルに忠実な実証研究を行うことは困難であった．

より現実に近い都市の土地利用を描写するためには，オフィスのための土地利用について，モデルに内生的に導入する必要がある．この都市の中での土地利用について，職住両者の観点から描写した代表的な文献として，Fujita and Ogawa (1982) がある．この Fujita and Ogawa (1982) では，これまでの AMM のモデルと同様，通勤費用を必要とする都市住人に加えて，オフィスのために土地を利用する企業をモデルに導入した．さらにこの企業は，他企業との交流によって利潤を拡大することができ，交流には通勤同様に移動費用がかかるという設定によって，集積の経済を導入したモデルとなっている．このようなモデル設定のもと，Fujita and Ogawa (1982) は，線形の都市空間の中で，中心部に CBD が形成される均衡だけでなく，通勤費用や集積の経済のパラメータによっては，職住が混在する街区が形成されたり，中心部だけでなく，郊外部にもオフィス街区が形成されたりといった様々な土地利用のパターンが生じうることを示した．

さらにこの Fujita and Ogawa (1982) のモデルを 2 次元空間上に拡張し，一般化したのが，Lucas and Rossi-Hansberg (2002) である．現在の数量都市経済モデルの多くはこの Fujita and Ogawa (1982)，Lucas and Rossi-Hansberg (2002) を基礎として構築されている．これらの 2 つの基礎モデルを基礎として，数量都市経済モデルを初めて提案した研究が，Ahlfeldt et al. (2015) である．次節以降 Redding and Rossi-Hansberg (2017) に従って，Ahlfeldt et al. (2015) のモデルについて概説を行う．

3.1 数量都市経済学の基本モデル

まず，ある都市を考えて，その中の区画を分析の単位としよう．例えば，東京都市圏を考えるのであれば，都市圏の中に含まれる市区町村，あるいは大字，あるいは 5 次メッシュなどが分析の単位として考えられよう．この区画を i で表すことにする．各区画は土地の面積 K_i を持ち，それを開発することで，床面積 H_i を供給すると考える．

また，財の生産は，労働と，床面積を投入するコブダグラス型生産関数に

よって行われると仮定する．従って，単位生産コストは以下の通り書ける．

$$1 = \frac{1}{A_i} w_i^\alpha q_i^{1-\alpha}, \, 0 < \alpha < 1 \tag{21}$$

ただし，A_iは生産性，w_iは賃金，q_iは床の賃料である．生産性については，その区画特有の要因，例えばオフィス関係インフラの整備度など，外生に与えられるものとして考えても良いが，集積の経済を導入することも可能である．例えば，Ahlfeldt et al.（2015）では，その区画の雇用者密度の関数として生産性を定義することで，内生的な集積の経済をモデルに導入している．

次に労働者の問題を考える．都市に住む労働者は，都市内の区画に居住し，区画へと通勤する．ある労働者の効用関数は，以下の通りであると仮定する．

$$u_{nio} = \frac{z_{nio} B_n w_i}{\kappa_{ni} Q_n^{1-\beta}} \tag{22}$$

ここで，B_nは居住区画nにおけるアメニティ，w_iは区画iで働くことで得られる賃金，k_{ni}は通勤費用，Q_nは居住のための床の価格である．また，z_{nio}は，居住地-勤務地のペアにおける選好ショックである．これは，労働者ごとに異なり，一定の確率分布から引かれるものである．

アメニティは，生産性と同様，外生的要因，例えば緑地の多さなどによって外生的に定まると設定することもあるが，内生的に定まる設定を導入することも多い．Ahlfeldt et al.（2015）では，区画の居住人口密度の増加関数として設定している．

また，選好ショックは，以下のFréchet分布によって定まるものと設定される．

$$F(z_{nio}) = e^{-T_n E_i z_{nio}^{-\epsilon}}, \quad T_n, E_i > 0, \epsilon > 1 \tag{23}$$

T_nはスケールパラメータと呼ばれ，居住区画の平均的な効用を与えるものであり，同様にE_iは勤務区画iにおける平均的な効用を与えるものである．また，ϵは，この選好ショックの分散を決定づけるパラメータである．

このような効用関数を持つ労働者は，全ての居住地-勤務地ペアについて，選好ショックを観測した上で，効用を最大化する居住地-勤務地ペアを選択する．選好ショックがFréchet分布によって定まるという設定から，ある労

働者が居住区画，勤務区画のペアを選択する確率は，以下のとおりロジット
の形で計算できる．

$$\lambda_{ni} = \frac{T_n E_i \left(\kappa_{ni} Q_n^{1-\beta} \right)^{-\epsilon} (B_n w_i)^\epsilon}{\sum_{r=1}^S \sum_{s=1}^S T_r E_s \left(\kappa_{rs} Q_r^{1-\beta} \right)^{-\epsilon} (B_r w_s)^\epsilon} \equiv \frac{\phi_{ni}}{\phi}$$

居住区画n，勤務区画iのペアの魅力は，スケールパラメータT_n，E_iが大きく，
アメニティ，賃金が高く，通勤費用，居住床の価格が低い場合に高まる．従っ
て，居住区画n，勤務区画iのペアを選択する確率λ_{ni}はこの魅力が他のペア
に対して相対的に高い場合に高まるといえる．

　また，都市に居住することを決定した住人達の期待効用は，都市外に居住
した場合の効用と一致している必要がある．期待効用は以下の通り書くこと
ができる．

$$\mathbb{E}[u] = \gamma \left[\sum_{r=1}^S \sum_{s=1}^S T_r E_s \left(\kappa_{rs} Q_r^{1-\beta} \right)^{-\epsilon} (B_r w_s)^\epsilon \right]^{\frac{1}{\epsilon}} = \bar{U} \tag{25}$$

ただし，$\bar{U}$は都市の外に居住した場合の効用水準であり，γは$\gamma = \Gamma\left(\frac{\epsilon-1}{\epsilon} \right)$，
$\Gamma(\cdot)$はガンマ関数である．

　市場清算条件のうち，重要なものが，通勤市場清算条件である．これは，
区画iに勤務する労働者の数が，各区画に居住する居住者の数にそこから区
画iに勤務する確率をかけたものの総和と一致するというものである．この
条件は以下のように書くことができる．

$$L_{Mi} = \sum_{n=1}^S \lambda_{ni|n} L_{Rn}, \quad \lambda_{ni|n} = \frac{E_i \left(\frac{w_i}{\kappa_{ni}} \right)^\epsilon}{\sum_{s=1}^S E_s \left(\frac{w_s}{\kappa_{ns}} \right)} \tag{26}$$

ただし，L_{Mi}は，区画iに勤務する労働者数，L_{Rn}は区画nに居住する労働者数，
は$\lambda_{ni|n}$，区画nに居住していることを条件付けた上で，区画iに通勤する確率
である．

　この市場清算条件に加えて，土地市場の清算条件を加えることで，このモ
デルは閉じることになる．詳細はAhlfeldt et al.（2015）を参照して欲しいが，

土地市場については，ある区画について居住のための床と商用のための床の付け値が高い方に床が利用され，付け値が同じ場合，両方の用途に使われるという仮定としている．その上で，競争的なデベロッパーが土地を開発し，床を供給するという仮定の下で，床の需給が一致することで，土地市場は清算される．

　これが，数量都市経済モデルの基本モデルである．このモデルは，数量空間都市経済モデルと同様に，パラメータとデータに対応する変数を与えることで，モデル反転が可能である．例えば Ahlfeldt et al. (2015) では，各区画の居住者数データ，就業者数データ，区画間通勤費用パラメータ（通勤時間データ）のデータと，各種パラメータを与えてモデル反転することで，地域の生産性，およびアメニティの値が一意に定まることを示している．

3.2　数量都市経済学の応用分析

　空間数量経済モデルでも分析の対象となった交通網整備は，数量都市経済学の文脈では，通勤コストの低下として解釈される．このような都市内の交通網整備についての研究が数量都市経済学の文脈では多く行われている．代表的なものとして Heblich, Redding and Sturm (2020) がある．これは 19 世紀ロンドンにおける鉄道開発が鉄道による通勤を通じて現在の都市で見られるような職住分離型の都市，つまり，中心業務地区とそれを取り囲むような住宅街によって形成されるような都市構造を生み出したことを示した研究である．モデルに基づく反実仮想分析によって，鉄道建設がなければ，ロンドンの地価や建物価格は半分以下であったこと，また，ロンドン中心部への通勤人口は 30 万人以上低下していたことなど，ロンドン鉄道建設の効果を数量的に評価した．また，Tsivanidis (2022) は，コロンビアのボゴタ市におけるライトレールの整備を対象として，それが都市構造に与えた影響について検証している．

　近年，特にアメリカの都市ではジェントリフィケーションが大きな社会問題となっている．これまでのアメリカの都市の多くでは，郊外化が進み，それに伴って荒れた都心部に貧困者が居住するという都市構造があった．しかし，1990 年代以降はそれが反転し，高所得層が都心部に流入するようになり，

都心は再開発され，それによって貧困者が都心から押し出されてしまう現象がジェントリフィケーションである．

Su（2022）は高所得者の労働時間に注目してジェントリフィケーションのメカニズムを分析した研究である．アメリカにおいて，1980年代以降高所得者の労働時間が増加した．これは，高所得者にとっての余暇時間の価値を増加させ，通勤の機会費用を増加させることとなり，都心居住インセンティブを高めることになる．そして高所得者の都心立地は，高所得者が好むような都市の消費アメニティを提供する企業を都心に引きつける．このようなメカニズムがアメリカのジェントリフィケーションの重要な要因になっていたことを数量都市経済モデルで示したのである．

このようにジェントリフィケーションが進み，荒れた中心部が再開発される都市がある一方で，荒れてしまった中心部が放棄されたままになってしまっている都市もある．自動車産業の衰退とともに衰退した都市であるデトロイトはそのような都市の中でも典型的なものであり，自動車産業の全盛期には多くの住人が居住していた中心部は，自動車産業の衰退とともに住人が離れ，荒れ果ててしまったのである．Owens III et al.（2020）はこのデトロイトの中心市街地が開発されないことを，住人達の集積効果に求めた．我々は孤立して居住することを好まない．隣人との社会的なつながりを持つことや，また自分と似たような好みを持つ隣人の近くに居住することを好む．そのため，空白地帯はそこが十分に開発され，住人が集まる場所に再開発されるか，空白地帯のまま放っておかれるかの複数均衡が生じるのである．Owens III et al.（2020）は，このような隣人の集積効果を導入した数量都市経済モデルを構築し，空白地域において最低限の住宅建設を行うことを保証する政策によって，空白地帯の住宅開発が促され，空白地帯が十分に開発される均衡へと移行することを示している．

また，2.2節で述べた数量空間経済モデルと，数量都市経済モデルを組み合わせたモデルも存在している．Monte, Redding, and Rossi-Hansberg（2018）は，アメリカの郡を地域の単位とし，地域間の物流と移住（数量空間経済モデル）と地域間の通勤（数量都市経済モデル）の両者を導入したモデルを構築した．つまり，人々は，どの地域に住み，どの地域に通勤するかを，高賃

金の場所への通勤利便性および居住地域の住みやすさ（交易財の価格と住宅価格）によって決めるというモデルの設定になっている．Monte, Redding, and Rossi-Hansberg（2018）はこのモデルを用いて，地域の労働供給弾力性において，通勤が重要な役割を果たしていることを示した．これまで，地域の労働供給弾力性を考察する際には，労働市場がその地域で閉じていることを前提としており，例えば地域に大工場が建設されるなどした場合には，それが移住を通じてその地域の雇用者数を増加させるということが想定されていたといえる．その意味で，地域のユニットとして多くは通勤圏（commuting zone）が用いられ，その中で行われる通勤については捨象されてきた．一方で，大工場が建設された場合，その地域に移住してくる人のみならず，近隣地域に居住し，そこから通勤によって大工場での勤務を行う人々も当然現実には存在する．従って，地域振興としての大工場誘致の効果を考える場合，移住だけでなく通勤を通じた効果も考慮に入れる必要があり，これは政策立案にとっても極めて重要なイシューといえる．Monte, Redding and Rossi-Hansberg（2018）は，地域間の物流と移住，そして地域間の通勤が導入されたモデルを用いることで，まず，地域の労働供給弾力性において通勤が重要な役割を果たしていることを示した．例えば，大工場の誘致などによって地域の生産性が上がった場合，より通勤利便性の高い地域ほどより大規模な雇用増をもたらすことができることを示した．また，通勤コストの低下が経済厚生に与える影響が無視できないほど大きいことを示したのである．

第4章

オルタナティブデータ

4.1 オルタナティブデータとは

　前章までに述べたとおり，数量空間経済学，また，数量都市経済学モデル分析によって様々な地域，都市における政策評価研究が行われるようになっている．近年の空間経済学，都市経済学の分野においてもう一つ研究の発展が著しいのがいわゆるオルタナティブデータを用いた研究である．

　これまでの伝統的な経済学の実証研究では，国勢調査や経済センサス，賃金センサスなどの政府統計が中心的に利用されてきた．これらの集計データを用いるのみでなく，特に日本では2000年代以降これらの政府統計の調査票情報，いわゆるミクロデータを用いた分析が多く行われるようになってきている[9]．

　一方で，このような政府統計は，正確さが担保されているものの，いくつかの点で限界がある．空間経済学，都市経済学の文脈における政府統計の限界については，Go, Nakajima, Sawada, and Taniguchi（2022）が三つの点での限界を述べている．まず一つ目は速報性である．政策評価において速報性は重要である．迅速な政策評価を行うことで，将来の政策立案に資するのみならず，現在行われている政策を調整することが可能になる．しかし，政府統計は調査から集計，公表まで一定の時間がかかる．従って政府統計のみによって迅速な政策評価を行うことは難しい．二つ目は空間的な粒度の荒さである．プライバシーの問題もあり，調査票情報にアクセスしない限り，統計の

---

[9] 政府統計，特に経済産業省が作成する経済センサスなどを用いた研究は経済産業研究所の研究者が非常に多くの研究を行っている．例えば以下のページには既存研究がリストされている．https://www.rieti.go.jp/jp/database/d02.html

集計単位の空間的粒度は荒い．例えば，交通インフラ整備の経済効果は地域ごとに大きく異なる可能性がある．このような政策効果の空間的異質性を十分に捉えられる粒度の政府統計データはそれほど多くない．三つ目は，データの取得頻度である．政府統計はその取得頻度は高くなく，例えば経済分析に多く利用される経済センサスは毎年調査されるわけではない．交通インフラ整備の効果を測定したい場合，その効果は時期によって大きく異なる可能性がある．夏休みや冬休みの旅行シーズンと，平日とでは大きくその効果は異なるだろう．このような政策効果の時間的異質性を捉えるためのデータは政府統計からはほぼ利用不可能である．さらに空間と時間を掛け合わせた，政策効果の時間的空間的異質性を捉えようとするなら，それは政府統計からは不可能である．このように，政府統計の限界を埋めるべく，政府統計以外のデータを用いた研究が近年増加している．本章ではそのような研究を紹介したい．

　まず，空間経済学，都市経済学の分野で利活用が進んでいる代表的なオルタナティブデータとして衛星画像から捉えた夜間光データがある．代表的な研究は，Chen and Nordhouse（2011）および Henderson et al.（2012）である．どちらの研究も，衛星画像の夜間光量と，地域の経済活動について高い相関があることを示し，一定程度の高解像度（1 km 四方程度）で経済活動の代理指標として利用可能であることを示した．これらの研究によって，夜間光データは，これまで統計データに乏しかった途上国の経済成長を捉えるための有用なデータとして認識され，このデータを用いた多くの研究がその後行われることになった[10]．

　この夜間光データの大きな特徴は，データに乏しい途上国において，経済成長のデータを提供するのみならず，国境など，行政的な境界に依存せずにデータを取得できる点にある．例えば Michalopoulos and Papaioannou（2013, 2014）は，アフリカの民族分布のデータを用いて，植民地化以前の各民族の

---

[10] その後の夜間光データを用いた研究潮流については，夜間光以外の衛星画像データを用いた研究を含めて，Donaldson and Storeygard（2016）に詳しいサーベイが行われている．また，現在使用が推奨される夜間光データと，その問題点については Gibson, Olivia, Boe-Gibson, and Li（2021）で詳しく議論が行われている．

行政制度の階層性が，現在の経済成長に対して正の影響を持っていること，また，現在の国家の制度がこれまでの研究で示されてきたほどの影響を持たない可能性について示している．これらの研究は，現在の国境線と，民族の分布が異なることを活用した研究である．前者の場合，現在は同じ国家に属しながら，民族が異なることで，各民族の制度が異なっていることを利用して現在の制度の影響を除去しており，後者の場合は，同じ民族でありながら現在の国家が異なり，それに伴って異なった制度が適用されていることを利用して，民族の違いの影響を除去している．このような研究を行うためには，国家をまたいで検証可能な，より空間的粒度の高い経済指標データが必要であり，夜間光量データが開発されたことで，初めて可能になった研究であるといえる．

　また，Storeygard（2016）は，夜間光量データを用いて，アフリカの地域経済における輸送費用の重要性を示した研究である．アフリカは交通網が整備されておらず，また人口密度も低いため，特に辺地への交通が不便であり，このことが地域経済にマイナスの影響を与えている可能性がある．Storeygard（2016）は，アフリカの地域間輸送モードが主に自動車であることを利用し，原油価格上昇によって，交通費が高まったときに，アフリカの各都市の規模がどのように変化したのかについて検証している．その結果，各国の最大都市からの距離が離れるにつれて，その都市の規模は原油価格の上昇とともに相対的に縮小していたことが示された．この研究もデータの乏しいアフリカにおいて，十分な空間的粒度を持ったデータが必須の研究であり，やはり夜間光量データの開発によって可能になった研究である．

　現在では衛星画像の利用はさらに広がり，夜間光だけでなく様々な情報が衛星画像から取得され，研究に利用されている．例えば，Burchfield et al.（2006）は，昼間衛星画像を都市経済学研究に使用した最初の研究であるが，この研究では，昼間衛星画像から判定できる土地利用状況を用いて，アメリカにおける1970年から1990年にかけてのスプロール現象の進捗度を定量化し，その要因を検証している．

　特に近年は，衛星画像の高解像度化により，昼間衛星画像から様々な地物の情報を捉えることが可能になっている．例えば，Marx et al.（2019）は，衛

星画像から判定した家の屋根の素材を用いて，ナイロビのスラムの各家計の生活水準を推定した．ナイロビのスラムの住宅のほとんどがトタン屋根を使用している．新品で品質の高いトタン屋根は光をよく反射するため，そのような屋根を利用できる家計の住宅は衛星画像にも明るく映る．この日中の光の反射による明るさの違いを使って，屋根の品質を推定し，それをそこに住む住人の生活水準の指標として使用したのである．また，Huang et al.（2021）は，同様にナイロビのスラムにおける家計の生活水準を，衛星画像で取得できる住宅の画像情報から，別のアプローチで推定した．Huang et al.（2021）は，住宅の屋根の情報だけではなく，住宅の敷地境界を判定し，各住宅の敷地面積を計算することで，それを家計の所得水準の指標として利用したのである．どちらの研究で提案された指標も，データの乏しい途上国において夜間光量より高解像度の経済指標を構築できる点で極めて有用なデータであるといえる．

　また，高解像度衛星画像から機械学習によって判定した車の台数を地域の経済指標とすることも可能である．現在の商用利用可能な衛星画像の中で，最も解像度が高い衛星は，0.5 m GSMの解像度を持っている．これは，撮影された画像の1ピクセルが，地上における0.5 mと対応しているということであり，数メートル四方の物体であれば見分けることができるレベルの高い解像度といえる．例えば自動車などは十分に見分けることができる．経済活動には必ず人流が伴われており，特に公共交通機関が未発達な途上国の都市では自動車の台数は人流の代理変数として有効である．また，特に幹線道路でない場所を走行している自動車はそのエリアにおける経済活動と強く相関している可能性が高い．このような考え方を背景とし，高い解像度の衛星画像から機械学習によって道路上にある自動車を判定し，それによって地域の経済活動を把握することが可能であると考えられる．

　Go, Nakajima, Sawada, and Taniguchi（2022）は，このようにして判定した道路上の自動車の台数を500 m×500 m単位で集計し，エリアの経済活動の強度として使用することを提案した．フィリピンのセブ都市圏を研究対象地域とし，そこで行われたマクタン・セブ空港の国際線ターミナル新規開業を対象にこのデータを用いて政策評価を行った．

　まず，新たに作成した自動車の台数データが，政府統計から取得した様々な経済指標と高い相関を持つことを示した．さらに，これまで地域の経済活動の指標として広く利用されてきた，衛星画像から取得された夜間光データとの相関や，携帯電話の通話基地局情報などとの高い相関関係を示すことで，自動車の台数データが，地域の経済指標として十分に適切なものであることを示した．

　その結果，まず，マクタン・セブ空港における国際線ターミナル新規開業は，セブ都市圏の自動車密度を10%上昇させる効果があることが示された．また，この効果は空港近辺，さらには外国人向けのリゾートホテルが多く立地するエリアについて大きかったことが示された．さらに，この効果はマクタン・セブ国際空港における国際線利用客のピークの時期において顕著に見られ，その他の期間においては効果がほとんど見られなかったことなどが示された．これらの結果は，マクタン・セブ国際空港における国際線ターミナル新規開業が，国際線の利用客を通じて，空港の利用者数を増加させたという効果であることを示したと言える．また，この研究では，マクタン・セブ国際空港の国際線新規ターミナル開業の金銭的効果も測定している．これは外国人観光客一人当たりが一日に使用する金額をベースに計算されたものであるが，これを用いると，マクタン・セブ国際空港の国際線新規ターミナル開業は，建設費用を10年未満でカバーできるほど大きな経済効果を持つことがわかった．

　交通インフラ政策評価などに利用できるデータは，これまでは政府統計など，地域レベルの粒度が低く，また，情報取得頻度も年レベルなど，やはり粒度が低いものであった．一方で，Go, Nakajima, Sawada, and Taniguchi（2022）が提案した自動車の台数データは，極めて地域レベルの粒度が高いデータを高頻度で取得することができ，国際観光客など，季節によって効果が大きく変動する政策の評価に活用できるといえる．

　あるいは都市における緑地情報を画像から判定することも可能である．Kuroda and Sugasawa（2023）は衛星画像から都市の緑地を判定し，この緑地が地価に与える影響について検証した研究である．居住環境におけるアメニティ，その中でも緑地など植物によるアメニティの重要性は長く指摘されて

きた．一方で，データで取得できる緑地は公園など，地図上で把握できるものに限られてきた．一方で，庭先の緑や街路樹なども居住環境に大きく影響することが考えられる．むしろ少し離れた場所に公園があるよりも，豊かな緑を持つ住宅や，街路樹に囲まれた地区の方がより居住環境が高いことも十分に考えられるだろう．Kuroda and Sugasawa（2023）はこのような都市内に散在する緑地を衛星画像から判定し，それが地価に与える影響について推定したのである．その結果，都市内に散在する緑地は有意に土地の価値を高めており，またその効果は無視できないほど大きいことを明らかにした．

　また，昼間衛星画像から取得できる地物情報は，色から判定できる植生だけではない．建物などの人工物についての情報も取得が可能である．特に，建物の影の情報から，建物の高さを推定することが可能である．このような昼間衛星画像から建物の高さを推定した情報は，Google Earth などのサービスに代表されるように，既にいくつかの企業がその情報を提供している．Nakajima and Takano（2023）は，この昼間衛星画像から取得した建物の高さ情報を活用して，土地の開発規制の政策効果について推定した研究である．都市において土地の利用は自由に行うことはできない．用途規制やそれに伴う容積率規制等によって，ある土地に建てられる建物はその種類，大きさが定められている．この土地の開発規制は，自由に土地を開発できる場合に比較して，地価を減じている可能性がある．しかし，これを実証的に検証するのは容易ではない．土地の開発規制は土地の開発需要と密接に関連しており，特に開発需要の大きい土地では規制緩和が行われる傾向があると考えられる．その場合，単に規制の水準と地価の相関を見るだけでは，規制が地価に与える因果効果を測定できないのである．

　このような問題を解決するためには，土地の需要と独立に土地利用規制の水準が変わるような変動を利用することが有効である．Nakajima and Takano（2023）は，これについて，航空法による建物の高さ規制を利用した．航空機の安全な離着陸のため，空港周辺では建物の高さが空港代表点標高から45 m 以内に制限されているのであるが，空港からの距離が4,000 m を超えるとその制限が徐々に緩和される．この4,000 m の前後のエリアに注目することで，開発規制の効果を測定したのである．実際に福岡市において空港から

の距離が4,000 m圏内の地域では建物の高さが規制いっぱいになっていること，4,000 mを超えると規制緩和に従う形で建物の高さも高くなること，それに伴って地価も上昇することを示している．

　さらに近年では，衛星画像データよりもさらに高解像度の画像データを取得できる技術としてドローンの利用が注目されている．衛星画像はその周期が定まっており，任意の地点の画像を任意の時点で撮影することは困難である．一方でドローンは，取得できる画像の範囲は狭いものの，任意の地点において任意の時点のデータを取得できる点に大きな強みがある．しかし，経済学分野においては，現時点でドローン画像を用いた研究の蓄積はほとんど見られない．例外としてNakagawa and Iizuka（2020）がある．これは，ドローンによって取得できる画像，および熱分布画像によって，河川敷における路上生活者の居住場所およびその冬期温度を取得することで，各路上生活者の生活水準を推定した．さらに推定された生活水準データを用いて，路上生活者においても集積の経済が働くこと，つまり，大きなコミュニティに属している路上生活者ほど生活水準が高いことを示している．

　このように衛星画像は現在広く都市や地域の研究に用いられている指標であるが，そのほかにも様々なオルタナティブデータが使用されている．例えば，クレジットカードの利用情報は現在多くの研究で使用されているデータである．特にアメリカなどクレジットカードの利用が多い国では，このデータで人々の財の購入行動を広い範囲で把握することができる．そのため人々の購買に関わる意思決定について様々な問いに答えることができるのである．

　例えば，Relihan（2022）は，クレジットカード利用データから，オンラインショッピングの普及が，人々のオフラインの購買行動にどのように影響したのかを分析した研究である．オンラインスーパーマーケットの利用は，これまで実店舗への買い物のためにかかっていた時間を減少させ，空いた時間を他のサービスの消費に使用することができるようになる．Relihan（2022）は，消費者がオンラインスーパーマーケットを使用することによって，実店舗への来訪頻度が減るだけでなく，喫茶店やレストランなど，時間のかかるサービスへの消費金額が増加したことを示している．

　また，さまざまなwebサービスのデータも都市や地域に関するさまざまな

情報を提供してくれる．例えば，食べログなどに代表される，レストラン検索サービスは，その地域の消費活動に関するデータを提供してくれる．Handbury and Weinstein（2015）は，ホームスキャンデータを用いて都市規模の拡大とともに，入手できる財のバラエティが増加することを示した研究であるが，さらに Schiff（2014）は，アメリカのレストラン検索サービスである Yelp のデータを用いて，都市規模とその都市で提供される財のバラエティの関係について検証した研究である．Yelp のサービスでは，各レストランについて，「イタリアン」や「シーフード」など，そのレストランが提供する料理のカテゴリが記載されている．Schiff（2014）は，各都市において提供されている料理のタイプの数を数え，都市規模の拡大とともにその都市で提供される料理の数が増えることを示した．また，最も大きな都市には，全てのタイプの料理があり，一方で，小規模な都市にはどこにでも存在するタイプの料理しか存在しないという階層構造があることを示したのである．

　このレストランにおける集積パターンが，日本についても成立していることを中島（2021）は示している．日本における代表的なレストラン検索サービスである食べログを利用して，レストランのデータを収集し，料理の種類を市町村ごとに数えることでデータを作成した．日本において，最も稀少な料理は「オセアニア料理」であり，このカテゴリに入るレストランがある市区町村は日本に 16 しか存在していない．他にも「タイスキ」，「きりたんぽ」，「モダンスパニッシュ」などの料理の希少性が高く，これらの料理にカテゴライズされるレストランを持つ市区町村は日本において少ない．一方で，希少性が低く，どの市区町村にもレストランが存在する料理カテゴリは「中華料理」，「定食・食堂」，「ラーメン」などであった．さらに，最も多くの料理の種類を持つのは東京都港区であり，そこには最も稀少な料理である「オセアニア料理」にカテゴライズされるレストランが存在しているだけでなく，その他ほぼ全てのカテゴリにカテゴライズされるレストランが存在している．つまり，稀少なレストランを持つ地域は，その他全ての種類のレストランを持つという階層構造が日本においても成立していることを示したのである．

　また，Yelp を使って，消費活動の棲み分けについて検証した研究に Davis et al.（2018）がある．Yelp のレビュワーの情報を用いることで，レストランの

選択の際に，自宅や職場からの距離が最も重要な役割を果たしていること，また，同時に自分と同じ人種が多く住んでいる地域のレストランや，自分が住んでいる地域と似たような人種の構成になっている地域のレストランが選択されやすいことなど，人種による棲み分けも生じていることを示している．

4.2　オルタナティブデータを用いた数量空間経済学・数量都市経済学

　また，近年はオルタナティブデータと数量空間経済学を組み合わせた研究も多く見られるようになってきている．これまで見てきたとおり，数量空間経済学モデルの一つの鍵となるデータは，人や財の地域間移動に関するデータである．数量空間経済学であれば物流に関する情報であり，数量都市経済学であれば通勤に関する情報である．

　しかし通勤に関する情報がどのような国においても収集可能なわけではない．政府統計の不足する途上国においては，このような情報を入手することは極めて困難である．このような人々の移動情報について近年注目を集めているのが携帯電話を用いた位置情報である．Kreindler and Miyauchi（2023）は，スリランカ，バングラデシュにおける携帯電話通話情報（CDR）を用いて人々の通勤流動の把握を行った．このデータと，数量都市経済学のモデルに基礎づけられた通勤流動の重力モデルを用いることで，情報に乏しい途上国における賃金の情報を推定したのである．直観的には，多くの労働者が通勤してくる地域は，賃金水準が高く，多くの労働者にとって魅力的な職場であることを意味していると考えられる．つまり，通勤流動における重力モデルに含まれる目的地固定効果の中に，その地域における賃金水準の情報が含まれているのである．従って，通勤流動の情報があれば数量空間都市モデルに基礎づけられた通勤重力モデルの推定によって賃金水準を推定することができるのである．

　さらに，Sturm, Takeda, and Venables（2023）は，衛星画像データから取得した建物の高さデータを地域の床面積の代理変数として利用することを提案した．このデータに加えて，Kreindler and Miyauchi（2023）による，携帯電話通話情報で把握した通勤流動データと併せて使用することで，途上国では

取得することが難しい，地代についての情報を数量都市経済モデルに基づい
て推定したのである．

　また，都市の中における人々の移動は通勤目的のものだけではない．むし
ろ買い物や外食などさまざまなサービスを消費するための移動も人々は行っ
ている．このような，サービスを消費するためには，それが提供される場所
に移動する必要のあるサービス業の存在は，都市構造に強く影響している可
能性がある．例えば新宿や渋谷のような商業集積地は，一度に多くの店舗を
回ることができ，買い回りのための移動費用の節約という魅力を提供するこ
とで，多くの人々を引きつけている．このような商業集積地の買い回りを通
じた集積効果については，Nakajima and Teshima（2017）が東京築地水産仲卸
市場をケースとして検証を行っている[11]．

　このような商業集積地への移動が便利な場所は，通勤利便性とは独立にま
た住宅地としての魅力を向上させるであろう．しかしこれまでの数量都市経
済モデルには，このようなサービスの消費のための移動についてはそのデー
タの取得が困難であったため，導入されてこなかった．Miyauchi, Nakajima,
and Redding（2022）は，このようなサービスの消費のための移動を数量都市
経済モデルに導入し，実際の人々の移動についての情報を，スマートフォン
GPS データによって把握することで，その重要性を示した研究である．また，
人々の移動行動について，トリップチェーンを導入した点にも貢献がある．
一般に，複数の店舗を訪れたい場合は，できるだけ合計の移動時間を減らせ
るように，その都度自宅に戻ることなく，自宅から複数の店舗を訪れて帰宅
するといった一連の移動を行うことが多いだろう．このような一連の移動は

---

[11] 通常，商業集積の効果を実証的に検証することは難しい．なぜなら立地が企業の戦
略変数の一つであるからである．駅前で集客環境に恵まれているなど，店舗経営に
とって良い場所は賃料もまた高く，優良企業しか立地することができない．その場
合，立地がパフォーマンスに与える影響を，その立地を選択できる企業が持つもと
もと高いパフォーマンスが混ざってしまい，良い立地にいる企業とそうでない企業
のパフォーマンスの差によって立地がもたらす効果を正しく推定することはできな
い．このような問題に対し，Nakajima and Teshima（2017）は，築地水産仲卸市場に
おいて，その立地が抽選によって定期的に全面的に入れ替えられているという事例
を利用して立地がもたらす影響を正確に推定した研究である．

トリップチェーンとよばれ，現実の人々の移動行動において非常に多く見られるものである．例えば，朝自宅からまずコンビニに寄ってから勤務先に行くというのも典型的なトリップチェーンであるし，勤務先からスーパーに寄って自宅に帰るのもまたそうである．このトリップチェーンをモデルに導入することで，Miyauchi, Nakajima, and Redding（2022）はコロナ禍におけるテレワークによる都心への通勤の減少によって，通勤に伴う商業施設への来訪が減少したことが，都心の商業地への来訪頻度の減少を説明することなどを示している．

　また，クレジットカードの利用情報もオルタナティブデータの代表的なものであるが，これを用いて，数量都市経済モデルによって，バルセロナにおける観光客と地元民の間の消費市場における競争について検証した研究がAllen, Fuchs, Ganapati, Graziano, Madera, and Montoriol-Garriga（2021）である．この研究では，観光業が大きなプレゼンスを持つバルセロナを対象に，観光客が地元民に与える影響を検証している．一般に観光客の増加は，観光地における観光客の支出を増加させるため，その都市で働く人々にとってその賃金を上昇させる効果として働く可能性がある．一方で，観光地周辺では，そこでの消費は観光客との競争になるため，地元民にとっての支出を増加させることになる．特に観光地は都市に偏在しており，この競争増進効果は偏在する観光地周辺で大きく，その他の地域ではそれほど大きくないのに対し，観光地への通勤は，都市内の広い範囲から可能であるため，賃金に与える影響は都市全体に広く効果をもたらす可能性がある．このようなメカニズムを持つ数量空間経済モデルに基づいて，Allen et al. (2021)では，実際の観光客，地元民の消費行動をクレジットカードの利用情報を用いて把握し，観光客が地元民の経済厚生に与えた影響について推定を行った．実際に，観光客の消費活動は街の中心部やビーチなど観光地に集中しており，観光客のピークの季節には，地元民の消費活動をこれらの地域から追いやっていることが示された．一方で，観光客の増加で賃金が増加する効果は，都市全体に広がりを持つため，観光客がバルセロナの地元民の経済厚生に与える影響は地域によって大きく異なり，中心部の住人にとってはマイナスの効果が，郊外の住人にとってはプラスの効果があったことが示された．

また，観光客の効果については Almagro and Domínguez-Iino（2022）が，近年利用が広がる Airbnb のデータを用いて検証を行っている．前述のバルセロナ同様，アムステルダムでも近年観光客が急増している．Almagro and Domínguez-Iino（2022）は，これら急増する観光客が利用する民泊サービス Airbnb のデータを用いて，住宅が観光客向けの民泊利用に転用されることで，住宅市場を通じて地元民に与える影響，さらに，観光客の急増により，観光客向けのサービスが増加すること（それに伴いデイケアなどの地元民向けのサービスが減少すること）で，地域のアメニティが変化することが，地元民の経済厚生に与える影響について検証した．結論は，バルセロナの研究と同様に，観光客の影響は住民のタイプによって大きく異なることが示されている．観光客の急増とそれに伴う民泊への転用による住宅市場の競争激化は地元民全員の経済厚生を一様に下げる効果があるのに対し，アメニティの変化については，観光客とよく似た選好を持つ地元民にとってはプラスであり，そうでない人々にとってはマイナスの効果を持つということが示されている．以上の研究は，オルタナティブデータを用いた数量空間経済学モデルの応用研究というだけでなく，研究蓄積に乏しい観光の地域経済学という意味でも高く評価できる研究といえよう．日本においても京都などの観光都市においてはオーバーツーリズムの議論がなされており，日本における応用研究にも期待したい．

第5章

おわりに

　本書では，空間経済学および都市経済学における近年の研究潮流について，数量モデルとオルタナティブデータを鍵概念としてサーベイを行った．最後に今後の研究の展望について述べる．

　まずは，モデルの動学化である．一般に，我々が移住を行う際には，移住先における将来の所得の予想など，長期的観点に立ってその意思決定を行う場合が多い．このような動学的な移住意思決定を導入した数量空間経済モデルは，Caliend, Dvorkin and Parro（2019）によって提案された．Caliend, Dvorkin and Parro（2019）は，モデルに基づき，中国からアメリカへの輸入増加が地域経済に与える影響，いわゆるチャイナショックについて検証を行っている．チャイナショックによって，アメリカの製造業が大きな打撃を受けたという結論は先行研究（Autor, Dorn, and Hanson, 2013）と同様ながら，製造業部門に従事していた労働者のセクター間，地域間の移住によって，特に中国からの輸入と直接的に競合せず，安価な輸入品によってむしろ生産性が上がったサービス部門への労働移動を通じて，アメリカ全体での厚生はむしろ増加したことを示した．この論文以降，さらに資本蓄積を導入したモデルや（Kleinman et al., 2023），あるいは世代重複モデルによる動学化など（Allen and Donaldson, 2020），様々な動学的数量空間経済モデルが提案されている．

　また，モデルの複数均衡の問題は，空間経済学において最も大きなイシューの一つであるといえる．地域的異質性のない空間経済学のモデルでは，経済活動が集まりさえすれば，そこが魅力的になるのであり，それがどこであるかは問わない．最もシンプルなKrugman（1991）の2地域のモデルを例にすると，地域1に全ての経済活動が集まる場合も，地域2に全ての経済活動が集まる場合もいずれも均衡であり，そのどちらが生じるのかはモデ

ルでは説明できない．このような複数均衡が存在する場合，反実仮想的状況でどのような均衡が生じるのかが不確定となり，政策の反実仮想分析が困難になってしまう．そのため，数量空間経済モデルでは，単一均衡が保証されたモデルが使用されることが標準的である．一方で，Akamatsu et al.（2023）は，一意な均衡が保証された空間経済のモデルは，単峰型の集積を形成する点に特徴があり，これに基づいて説明される地域間の経済規模の違いの多くは，モデル反転によって得られる生産性やアメニティなどの地域固有の効果によるものであることを指摘している．

このような複数均衡の取り扱いについてもモデルの動学化が有効な手段である可能性がある．例えば，Takeda and Yamagishi（2023）は，広島の戦後の復興において，中心部への経済活動の再度の集積（復興）と，中心部以外への集積との複数均衡が存在するケースで，動学的数量都市経済モデルによって，中心部への復興への期待によって，復興という均衡が達成されたことを示している．

また，オルタナティブデータについては，歴史データの活用は重要な論点であろう．近年の技術革新により，これまで実証分析に利用することが困難であったデータの利用可能性が高まっている．例えば古地図などは当時の経済活動の地理的分布について貴重な情報を提供するものである．近年の GIS 技術の向上は，このような古地図の利用可能性を高めている．Yamasaki, Nakajima, and Teshima（2023）は，江戸切絵図と呼ばれる江戸時代の江戸の地図を電子化し，そこから大名屋敷の場所を現在の地図と重ね合わせることで判定した．一般に大名屋敷の土地は広く，それが明治維新を機に民間に放出されたことで東京には区画の広い土地が突然民間市場に現れたことになる．土地の区画は一般に分筆，合筆等によって変わり得るが，Yamasaki, Nakajima, and Teshima（2023）は現代の土地の区画が江戸時代の区画と高い相関を持っており，大名屋敷のようにもともと広い区画を持っていた土地は現代においても広いということをまず示した．さらに現代の高層ビルの時代においては土地の区画の広さは特に都心において大きな意味を持っている．土地の高度利用のために高層ビルを建設したい開発業者にとって，高層ビル建築に十分な土地区画を確保することは極めて重要である．しかし小さな区画が乱立し

ている場所では多くの地権者の合意を得る必要があり，また地権者の交渉力は強いため，そこに十分な区画を確保することは極めて困難であろう．一方でもともと区画が広ければ，地権者の数も少なく，このようなコストは低い．Yamasaki, Nakajima, and Teshima（2023）は，もともと大名屋敷が多いエリアは現代の区画が広いだけでなく，かつ，そこに高層ビルが建てられる傾向が高く，土地の価値も高いことを示した．また，興味深いことに，このような大名屋敷のエリアで土地の価値が高まるのは，高層ビルの時代，つまり30 m までの建物高さ規制が撤廃された1970 年以降に観察されるようになったことなどを示した．この研究で用いられた古地図以外にも，絵画など，様々な歴史画像データの利用が進んでおり，歴史的画像データの利用は今後も大きな発展の余地がある分野であると考えられる．

　さらに，近年は，歴史データと数量空間経済モデルを組み合わせた研究も多く見られるようになっている．特に長期間の経済変動を分析することが可能な動学化数量空間経済モデルは歴史データとの相性も良く，今後の空間経済学・都市経済額の一つの潮流となる可能性があるだろう．例えば，Heblich, Redding, and Voth（2022）が，奴隷保有による富の蓄積がイギリスの産業革命に大きな影響を与えたことを動学的数量空間経済モデルによって示すなど，歴史データと動学化数量空間経済モデルは，今後の発展が望まれる領域であるといえる．

　最後に，本書の中でも紹介したとおり，著者自身も，数量都市経済モデル，およびオルタナティブデータを用いた研究を進めている．特に衛星画像やドローンなどの画像データは，政府統計等の公式統計に乏しく，これまでデータの取得が難しかった途上国を中心に，今後大きく発展が期待される．あるいはさらにミクロな視点からのデータ収集もあり得る．例えば，近年はセンサー技術の向上により，誰と誰がいつどこで会話を行ったのかなど，人々の交流についてのデータを収集することも可能である（中島・上原・都留，2018）．柔軟なデータ収集が可能なドローンやセンサーを活用したフィールド実験など，オルタナティブデータの利用は，分析デザインと一体化した，能動的なデータ収集という方向へ進むことが期待される．それはまさに現在著者らによって開拓中の領域の一つである．

高野佳佑 (2022)「QSE：地域経済における「もしも」を分析する方法」https://rpubs.com/
k_takano/r_de_qse

中島賢太郎・上原克仁・都留康 (2018)「企業内コミュニケーション・ネットワークが
生産性に及ぼす影響―ウェアラブルセンサを用いた定量的評価―」経済研究，
69(1), pp. 18-34

中島賢太郎 (2021)「サービス産業の空間分布」『サービス産業の生産性と日本経済』，
pp. 365-386

Ahlfeldt, Gabriel M., Stephen J. Redding, Daniel M. Sturm, and Nikolaus Wolf. 2015. The
Economics of Density: Evidence From the Berlin Wall. *Econometrica,* 83(6), 2127-
2189.

Akamatsu, Takashi, Tomoya Mori, Minoru Osawa, and Yuki Takayama. 2023. Multimodal ag-
glomeration in economic geography. arXiv:191205113

Allen, Treb and Costas Arkolakis. 2014. Trade and the Topography of the Spatial Economy.
Quarterly Journal of Economics, 129(3), 1085-1140.

Allen, Treb and Costas Arkolakis. 2022. The Welfare Effects of Transportation Infrastructure
Improvements. *Review of Economic Studies*, 89(6), 2911-2957.

Allen, Treb and Dave Donaldson. 2020. Persistence and Path Dependence in the Spatial Econ-
omy. National Bureau of Economic Research Working Paper Series, 28059.

Allen, Treb, Simon Fuchs, Sharat Ganapati, Alberto Graziano, Rocio Madera, and Judit Monto-
riol-Garriga. 2021. Urban Welfare: Tourism in Barcelona. Mimeo.

Almagro, Milena and Tomas Dominguez-Iino. 2022. Location Sorting and Endogenous Ameni-
ties: Evidence from Amsterdam. Available at SSRN: https://ssrn.com/abstract=
4279562.

Alonso, William. 1964. Location and Land Use. Cambridge, MA: Harvard University Press.

Anderson, James E. and Eric van Wincoop. 2003. Gravity with Gravitas: A Solution to the Bor-
der Puzzle. *American Economic Review*, 93(1), 170-192.

Autor, David H., David Dorn, and Gordon H. Hanson. 2013. The China Syndrome: Local
Labor Market Effects of Import Competition in the United States. *American Economic
Review*, 103(6), 2121-68.

Baldwin, Richard, Rikard Forslid, Philippe Martin, Gianmarco Ottaviano, and Frederic Robert-
Nicoud. 2003. Economic Geography and Public Policy. Princeton: Princeton University
Press.

Bernard, Andrew B., Andreas Moxnes, and Yukiko U. Saito. 2019. Production Networks,
Geography, and Firm Performance. *Journal of Political Economy*, 127(2), 639-688.

Brülhart, Marius, Céline Carrère and Frédéric Robert-Nicoud. 2018. Trade and towns: Heterogeneous adjustment to a border shock. *Journal of Urban Economics*, 105, 162⁻175.

Burchfield, Marcy, Henry G. Overman, Diego Puga, and Matthew A. Turner. 2006. Causes of Sprawl: A Portrait from Space. *Quarterly Journal of Economics*, 121(2), 587⁻633.

Caliendo, Lorenzo, Maximiliano Dvorkin, and Fernando Parro. 2019. Trade and Labor Market Dynamics: General Equilibrium Analysis of the China Trade Shock, Econometrica 87(3), 741⁻835.

Caliendo, Lorenzo, Fernando Parro, Esteban Rossi-Hansberg, Pierre-Daniel Sarte. 2018. The Impact of Regional and Sectoral Productivity Changes on the U.S. Economy. *Review of Economic Studies*, 85(4), 2042⁻2096.

Chen, Xi and William D. Nordhaus. 2011. Using Luminosity Data as a Proxy for Economic Statistics. *Proceedings of the National Academy of Sciences*, 108(21), 8589⁻8594.

Davis, Donald R., Jonathan I. Dingel, Joan Monras, and Eduardo Morales. 2018. How Segregated Is Urban Consumption? *Journal of Political Economy*, 127(4), 1684⁻1738.

Davis, Donald R., and David E. Weinstein. 2002. Bones, Bombs, and Break Points: The Geography of Economic Activity. *American Economic Review*, 92(5), 1269⁻1289.

Dekle, Robert, Jonathan Eaton, and Samuel Kortum. 2007. Unbalanced Trade. *American Economic Review*, 97(2), 351⁻355.

Diamond, Rebecca. 2016. The Determinants and Welfare Implications of US Workers' Diverging Location Choices by Skill: 1980⁻2000. *American Economic Review*, 106(3), 479⁻524.

Dingel Jonathan I. 2009. The Basics of 'Dixit-Stiglitz lite'. Mimeo.

Donaldson, Dave and Richard Hornbeck. 2016. Railroads and American Economic Growth: A "Market Access" Approach. *Quarterly Journal of Economics*, 131(2), 799⁻858.

Donaldson, Dave and Adam Storeygard. 2016. The View from Above: Applications of Satellite Data in Economics. *Journal of Economic Perspectives*, 30(4), 171⁻198.

Eaton, Jonathan and Samuel Kortum. 2002. Technology, Geography, and Trade. *Econometrica*, 70(5), 1741⁻1779.

Faber, Benjamin. 2014. Trade Integration, Market Size, and Industrialization: Evidence from China's National Trunk Highway System. *Review of Economic Studies*, 81(3), 1046⁻1070.

Faber, Benjamin and Cecile Gaubert. 2019. Tourism and Economic Development: Evidence from Mexico's Coastline. *American Economic Review*, 109(6), 2245⁻2293.

Fajgelbaum, Pablo D. and Edouard Schaal. 2020. Optimal Transport Networks in Spatial Equilibrium. *Econometrica*, 88(4), 1411⁻1452.

Fujita, Masahisa and Hideaki Ogawa. 1982. Multiple Equilibria and Structural Transition of Non-monocentric Urban Configurations. *Regional Science and Urban Economics*,

12(2), 161–196.

Fujita, Masahisa, Paul Krugman, and Anthony J. Venables. 1999. The Spatial Economy: Cities, Regions, and International Trade. MA: MIT press.

Gibson, John, Susan Olivia, Geua Boe-Gibson, and Chao Li. 2021. Which Night Lights Data should We Use in Economics, and Where? *Journal of Development Economics*, 149, 102602.

Go, Eugenia, Kentaro Nakajima, Yasuyuki Sawada, and Kiyoshi Taniguchi. 2022. On the Use of Satellite-Based Vehicle Flows Data to Assess Local Economic Activity: The Case of Philippine Cities. Asian Development Bank Economics Working Paper Series No. 652, Available at SSRN: https://ssrn.com/abstract=4057690.

Handbury, Jessie and David E. Weinstein. 2015. Goods Prices and Availability in Cities. *Review of Economic Studies*, 82(1), 258–296.

Hanson, Gordon H. 2005. Market Potential, Increasing Returns and Geographic Concentration. *Journal of International Economics*, 67(1), 1–24.

Hayakawa, Kazunobu, Hans R. A. Koster, Takatoshi Tabuchi, and Jacques-François Thisse. 2021. High-speed Rail and the Spatial Distribution of Economic Activity: Evidence from Japan's Shinkansen. RIETI Discussion Paper Series 21-E-003.

Heblich, Stephan, Stephen J. Redding, and Daniel M. Sturm. 2020. The Making of the Modern Metropolis: Evidence from London. *Quarterly Journal of Economics*, 135(4), 2059–2133.

Heblich, Stephan, Stephen J. Redding and Hans-Joachim Voth. 2022. Slavery and the British Industrial Revolution. National Bureau of Economic Research Working Paper Series, No. 30451.

Helpman, Elhanan. 1998. The Size of Regions. In: Topics in Public Economics: Theoretical and Applied Analysis (edited by Pines, David, Efraim Sadka and Itzhak Zilcha), 33–54, Cambridge, UK: Cambridge University Press.

Henderson, J. Vernon, Adam Storeygard, and David N. Weil. 2012. Measuring Economic Growth from Outer Space. *American Economic Review*, 102(2), 994–1028.

Huang, Luna Yue, Solomon M. Hsiang, and Marco Gonzalez-Navarro. 2021. Using Satellite Imagery and Deep Learning to Evaluate the Impact of Anti-Poverty Programs. National Bureau of Economic Research Working Paper Series, No. 29105.

Kleinman, Benny, Ernest Liu, and Stephen J. Redding. 2023. Dynamic Spatial General Equilibrium. *Econometrica*, 91(2), 385–424.

Kreindler, Gabriel E. and Yuhei Miyauchi. 2023. Measuring Commuting and Economic Activity Inside Cities with Cell Phone Records. *Review of Economics and Statistics*, 105(4), 1–11.

Krugman, Paul. 1980. Scale Economies, Product Differentiation, and the Pattern of Trade.

American Economic Review, 70(5), 950–959.

Krugman, Paul. 1991. Increasing Returns and Economic Geography. *Journal of Political Economy,* 99(3), 483–499.

Kuroda, Yuta and Takeru Sugasawa. 2023. The Value of Scattered Greenery in Urban Areas: A Hedonic Analysis in Japan. *Environmental and Resource Economics,* 85(2), 523–586.

Lucas, Robert E. and Esteban Rossi–Hansberg.. 2002. On the Internal Structure of Cities. *Econometrica,* 70(4), 1445–1476.

Marx, Benjamin, Thomas M. Stoker, and Tavneet Suri. 2019. There Is No Free House: Ethnic Patronage in a Kenyan Slum. *American Economic Journal: Applied Economics,* 11(4), 36–70.

Michalopoulos, Stelios and Elias Papaioannou. 2013. Pre-Colonial Ethnic Institutions and Contemporary African Development. *Econometrica,* 81(1), 113–152.

Michalopoulos, Stelios and Elias Papaioannou. 2014. National Institutions and Subnational Development in Africa. *Quarterly Journal of Economics,* 129(1), 151–213.

Mills, Edwin S. 1967. An Aggregative Model of Resource Allocation in a Metropolitan Area. *American Economic Review,* 57(2), 197–210.

Miyauchi, Yuhei, Kentaro Nakajima, and Stephen J. Redding. 2022. Economics of Spatial Mobility: Theory and Evidence Using Smartphone Data. Mimeo.

Monte, Ferdinando, Stephen J. Redding and Esteban Rossi-Hansberg. 2018. Commuting, Migration, and Local Employment Elasticities. *American Economic Review,* 108(12), 3855–3890.

Muth, Richard F. 1969. Cities and Housing. Chicago: University of Chicago Press.

Nakagawa, Mariko and Kotaro Iizuka. 2020. Residential Agglomeration of the Homeless and Its Effects on Their Living Standards. CSRDA Discussion Paper Series, No.10, 2021.

Nakajima, Kentaro. 2008. Economic Division and Spatial Relocation: The Case of Postwar Japan. *Journal of the Japanese and International Economies,* 22(3), 383–400.

Nakajima, Kentaro and Tetsuji Okazaki. 2018. The Expanding Empire and Spatial Distribution of Economic Activity: The Case of Japan's Colonization of Korea during the Prewar Period. *Economic History Review,* 71(2), 593–616.

Nakajima, Kentaro and Keisuke Takano. 2023. Estimating the Effect of Land Use Regulation on Land Price: At the Kink Point of Building Height Limits in Fukuoka. *Regional Science and Urban Economics,* 103, 103955.

Nakajima, Kentaro and Kensuke Teshima. 2017. Identifying Neighborhood Effects among Firms: Evidence from Location Lotteries of the Tokyo Tsukiji Fish Market. RIETI Discussion Paper Series 18-E-044.

Owens, Raymond III, Esteban Rossi-Hansberg, and Pierre-Daniel Sarte. 2020. Rethinking Detroit. *American Economic Journal: Economic Policy,* 12(2), 258–305.

Redding, Stephen J. 2010. The empirics of New Economic Geography. *Journal of Regional Science*, 50(1), 297‒311.

Redding, Stephen J. 2016. Goods Trade, Factor Mobility and Welfare. *Journal of International Economics*, 101, 148‒167.

Redding, Stephen J. and Esteban Rossi-Hansberg. 2017. Quantitative Spatial Economics. *Annual Review of Economics,* 9(1), 21‒58.

Redding, Stephen J. and Daniel M. Sturm. 2008. The Costs of Remoteness: Evidence from German Division and Reunification. *American Economic Review*, 98(5), 1766‒1797.

Redding, Stephen J. and Anthony J. Venables. 2004. Economic Geography and International Inequality. *Journal of International Economics*, 62(1), 53‒82.

Relihan, Lindsay. 2022. Is Online Retail Killing Coffee Shops? Estimating the Winners and Losers of Online Retail using Customer Transaction Microdata. Mimeo.

Schiff, Nathan. 2014. Cities and product variety: evidence from restaurants. *Journal of Economic Geography*, 15(6), 1085‒1123.

Storeygard, Adam. 2016. Farther on down the Road: Transport Costs, Trade and Urban Growth in Sub-Saharan Africa. *Review of Economic Studies*, 83(3), 1263‒1295.

Sturm, Daniel M., Kohei Takeda, and Anthony J. Venables. 2023. How Useful are Quantitative Urban Models for Cities in Developing Countries? Evidence from Dhaka. Mimeo.

Su, Yichen. 2022. The Rising Value of Time and the Origin of Urban Gentrification. *American Economic Journal: Economic Policy*, 14(1), 402‒439.

Takeda, Kohei and Atsushi Yamagishi. 2023. History versus Expectations in the Spatial Economy: Lessons from Hiroshima. Available at SSRN: http://dx.doi.org/10.2139/ssrn.4339170.

Tsivanidis, Nick. 2022. Evaluating the Impact of Urban Transit Infrastructure: Evidence from Bogotá's TransMilenio. Mimeo.

Yamasaki, Junichi, Kentaro Nakajima, and Kensuke Teshima. 2023. From Samurai to Skyscrapers: How Transactions Costs Shape Tokyo. TDB-CAREE Discussion Paper Series, No. E-2020-02.

著者紹介

中島賢太郎

2003 年　東京大学経済学部卒業

2005 年　東京大学大学院経済学研究科修士課程修了

2008 年　東京大学大学院経済学研究科博士課程修了
（経済学博士）

現在　　一橋大学イノベーション研究センター教授

元. 三菱経済研究所兼務研究員

空間経済学の実証研究

―数量空間経済学とオルタナティブデータ―

2024 年 1 月 15 日　発行

定価　本体 1,000 円＋税

著　　者　　中　島　賢　太　郎
　　　　　　ナカ　ジマ　ケン　タ　ロウ

発 行 所　　公益財団法人　三 菱 経 済 研 究 所
　　　　　　東 京 都 文 京 区 湯 島 4-10-14
　　　　　　〒 113-0034 電話 (03)5802-8670

印 刷 所　　株 式 会 社　国　際　文　献　社
　　　　　　東 京 都 新 宿 区 山 吹 町 332-6
　　　　　　〒 162-0801 電話 (03)6824-9362

ISBN 978-4-943852-95-7